# LA REINA DEL PACÍFICO

Julio Scherer García

# LA REINA DEL PACÍFICO

*La mujer-mito del narco mexicano:
qué significa nacer, crecer y vivir en ese mundo*

**Grijalbo**

**La Reina del Pacífico**
*La mujer-mito del narco mexicano:*
*qué significa nacer, crecer y vivir en ese mundo*

Primera edición: octubre, 2008

D. R. © 2008, Julio Scherer García

D. R. © 2008, derechos de edición mundiales en lengua castellana:
　　Random House Mondadori, S. A. de C. V.
　　Av. Homero No. 544, Col. Chapultepec Morales,
　　Del. Miguel Hidalgo, C. P. 11570, México, D. F.

www.randomhousemondadori.com.mx

Comentarios sobre la edición y contenido de este libro a:
literaria@randomhousemondadori.com.mx

ISBN 978-030-739-254-1

Impreso en México / *Printed in Mexico*

Distributed by Random House Inc.

A la hora de redactar una serie de preguntas para una eventual entrevista con la Reina del Pacífico, partí del expediente de la Procuraduría General de la República (PGR) que da cuenta del caso. (La parte principal de un resumen del expediente, elaborado por la PGR, consta en el anexo 1 de este trabajo.)

Las preguntas serían frontales y seguramente provocarían respuestas frontales. Pensé que ése sería un buen principio para saber de ella, de su vida.

Del cuestionario, dos me parecían las preguntas centrales:

—Las redes del narcotráfico entre Colombia y México, de acuerdo con el expediente respectivo, han tenido en usted un centro de enlace. Relacionada con algunos narcotraficantes, ¿podría sostener que se ha mantenido al margen de sus actividades o, acaso, que las desconoce?

—Dice el expediente que su madre, doña María Luisa Beltrán Félix, vivió desde su niñez entre narcotraficantes y es buscada por el envío de droga, vía aérea, a Estados Unidos. La señora es prima de Miguel Ángel Félix Gallardo, legendario en el mundo del narco y pariente también de los Arellano Félix. Ahí están también, en el fuerte nudo familiar, los Beltrán Félix y los Beltrán Leyva, desde hace tres décadas dedicados al narcotráfico. Entre sus relaciones amistosas, el expediente enumera a Joaquín Guzmán Loera, el Chapo; a Ignacio Coronel Villarreal, Nacho Coronel; a Juan José Esparragosa Moreno, el Azul; a Ismael Zambada García, el Mayo, y a los hermanos Caro Quintero. ¿Qué hace usted en ese mundo, señora?

Como el cuestionario debía abarcarla completa, también preguntaba:

1. Usted ha dicho que la Agencia Federal de Investigación (AFI) quiere perjudicarla. ¿Cuál sería el interés de la agencia en este propósito?

2. El expediente de su caso le atribuye la posesión de 179 joyas decomisadas en una de sus residencias. ¿Qué motivos y razones explicarían su fascinación por el oro, las piedras preciosas, los diamantes?

3. Señala el mismo expediente que usted es dueña de 225 predios en el fraccionamiento Alto Valle de Hermosillo, Sonora. Dice también que usted es titular de 14 cuentas bancarias y siete automóviles costosos, más crecidas sumas de dólares. ¿Cuál sería el monto aproximado de su fortuna?

4. El 24 de julio de 1990 usted fue arrestada en Tucson, Arizona, en posesión de 1 millón 200 mil de dólares. En

julio de 2002 fueron hallados 1 millón 475 mil pesos en el equipaje de Liliana Bustamante Trujillo, esposa de Álvaro Espinosa Salazar, medio hermano de su actual pareja, Juan Diego Espinosa Ramírez. Tanto dinero en mano, como son los casos que nos ocupan, supone riesgos. ¿Por qué los afrontó de la manera como lo hizo, tan despreocupadamente, diría?

5. De niña ¿supo del narcotráfico? ¿Cómo fue su infancia, su juventud, los pasos que la han conducido hasta el penal y la posible extradición a Estados Unidos? ¿Conoce usted en detalle la vida de los extraditados en Estados Unidos?

6. ¿Cuál ha sido la razón, el origen de sus múltiples seudónimos?

7. La llaman la Reina del Pacífico. ¿Le gusta el sobrenombre, le atrae irse sabiendo leyenda?

8. Usted es atractiva, se acicala y disfruta de la elegancia y aun del refinamiento. ¿Qué representa la belleza en el mundo que usted vive?

9. Se conocen corridos dedicados a los narcos, algunos que a usted aluden. ¿Cuáles serían los rituales que le hubieran llamado la atención?

10. Usted ha platicado que tuvo un sueño sobre su captura. Cuénteme su cuento.

11. ¿Cómo vive la vida ahora?

12. ¿Será cierto que la libertad se conoce en el cautiverio? ¿Qué es la libertad, señora?

Una vez frente a ella, pensaba, podría ufanarme de un encuentro con la Reina del Pacífico, de acuerdo con el expediente, mujer del narco como no ha habido otra. No era el caso. A mí me importaba saber del narco desde adentro, lo que se pudiera. Una vez en Santa Martha Acatitla, nadie me sacaría de ahí. Ésa es la paradójica libertad de un periodista. Viéndola, iría sabiendo. La conversación me llevaría más lejos que las preguntas ya redactadas. Las entrevistas como diálogos, preguntas y respuestas, me parecen heladas, sangre que se coagula en las venas.

La grabadora hizo su tarea. Pero fueron muchas más las horas de conversación suelta, libre la palabra.

\* \* \*

Sandra Ávila Beltrán ha vivido como ha querido y ha padecido como nunca hubiera imaginado. En los extremos se han tocado la riqueza y la muerte. Ahora habita en la cárcel, soez el concreto negruzco de los muros que cancelan el exterior; soez el lenguaje; soez su estridencia; soez la locura que ronda; soez el futuro como una interrogación dramática.

En la sala de juntas del reclusorio femenil de Santa Martha Acatitla, la Reina del Pacífico iría dando cuenta de su vida. A lo largo de sus 44 años ha escuchado ráfagas de metralleta que no logra acallar en los oídos; ha escapado de la muerte porque no le tocaba morir; ha galopado en caballos purasangre y ha llevado de las riendas ejemplares de estampa imperial que siguen La Marcha de Zacatecas; ha jugado con pulseras y collares de oro macizo, se ha fascinado con el esplendor de los brillantes y el diseño surrealista de piedras inigualables; de niña, entrenada al tiro al blanco en las ferias, ya mayor ha manejado armas cortas y armas largas; ha disfrutado de las carreras parejeras, las apuestas concertadas al puro grito sin que importe ganar o perder; ha participado en los arrancones de automóviles al riesgo que fuera y ha bailado los días completos con pareja o sin pareja. Absolutamente femenina, dice que le habría gustado ser hombre.

Por escrito, yo había solicitado del licenciado Antonio Hazael Ruiz, director de los reclusorios de la ciudad de México, autorización para reunirme con la señora. La había observado durante su presentación en la tele el día de su captura y había escuchado a un locutor que aludía a su sonrisa, sonrisa cínica, según dijo. Periodismo gratuito, pensé.

Más tarde, *El Universal* había anunciado en su primera plana una entrevista espectacular, a cuatro columnas la fotografía de Sandra Ávila. El diario desplegaba la exclusiva con alarde, momento en que di por perdido el proyecto que ya me encendía.

Sin embargo, el periódico engañaba a los lectores. Resultaba evidente que la entrevista no había tenido lugar y el texto, dividido en tres partes sucesivas, con titulares en primera plana, se ocupaba del personaje a distancia, de oídas. No retuve algún dato interesante, una descripción viva, algún diálogo que valiera la pena.

\* \* \*

En la sala de juntas del reclusorio, aguardaba junto con la directora y algunas otras personas la presencia de la mujer tan famosa, de antemano convencido de su espectacularidad. Mientras hablábamos sin conversar y bebíamos café para distraernos, la directora fue informada:

—Me dicen que se está acicalando, que no tarda.

Vestida con el obsesivo color de las internas en proceso, café claro, se adentró en el salón, pausada, los pasos cortos. Tomó la iniciativa y nos saludó de mano, uno a uno. La miré a los ojos oscuros, brillantes, suave la avellana de su rostro. Me miró a la vez, directa, sus ojos en los míos. Con el tiempo llegamos a bromear:

—El que pestañee, pierde.

El cabello, carbón por el artificio de la tintura, descendía libremente hasta media espalda y los labios subrayaban su diferencia natural: delgado el superior, sensual el de abajo. Observada de perfil, la cara se mantenía fiel a sí misma. De frente y a costa de la armonía del conjunto, un cirujano plástico había operado la nariz y errado levemente en la punta, hacia arriba.

De estatura media, apenas morena, sus grandes pechos sugerían un cuerpo impetuoso. Desde su cintura, las líneas de Sandra Ávila correspondían a la imagen de una mujer en plenitud. La señora calzaba sandalias, de rojo absoluto las uñas de los pies.

Fue incierta la primera entrevista. El tema que nos reunía era el narcotráfico, pero la palabra no llegaba a la sala

12

de juntas. Yo no quería precipitarme y mencionar antes de tiempo la soga en casa del ahorcado, pero temía un silencio embarazoso que enfriara un ambiente que deseaba calentar. Hablé de los crímenes cruentos y los incruentos, los asesinos sañudos, la sangre eternamente limpia de las personas queridas. Hablé también de la impunidad, las insólitas fortunas personales y la corrupción de empresas descomunales que privan a la sociedad de escuelas, hospitales, caminos, seguridad.

Sandra Ávila, su figura dominante más allá de las palabras, dijo:

—En México hay mucha violencia y no creo que el gobierno pueda acabar con ella. La violencia está en el propio gobierno.

La opresión de la cárcel, sin escapatoria el tema circular que impone, me llevó a preguntar a Sandra Ávila si había leído *Cárceles*, un libro que escribí en 1988. El tema venía a cuento.

—No. De usted apenas me estoy enterando.

\* \* \*

El peral sabe de las peras que maduran en sus ramas y Sandra Ávila sabe de los perales del narcotráfico. Pertenece a ese mundo y participa del mundo de los judiciales, los militares, los políticos. Unos y otros, los hombres del orden y los de la delincuencia, viven vidas que se cruzan y han terminado por formar una única vida desgarrada. Se saludan, conversan, concurren a las mismas reuniones, se agreden entre sí y terminan matándose, espectáculo a la vista de todos, como en el cine.

El encono se da entre fuerzas que no ceden. Los que gobiernan desde el poder cuentan con las cárceles de máxima seguridad, la amenaza permanente de la extradición, la institución del Ministerio Público, el monopolio de la represión. Los narcotraficantes poseen el dinero. Más, siempre más, hace posible que de un día para otro dejen el anonimato, la vida gris rata sin señoras que todos miren. Los bienes de la tierra son para su ego y también para regalos grandes, mansiones, carros y más carros, joyas y más joyas. Ahí está Osiel Cárdenas Guillén, ejemplo sobresaliente. El 10 de mayo enviaba a Matamoros, su ciudad natal, montañas de obsequios para las madres: refrigeradores, televisores, estufas, planchas, vestidos, abrigos y hasta Mercedes y BMW para las ganadoras de rifas excitantes, como los duelos del amor propio. En Navidad, las toneladas de juguetes eran para los niños.

Osiel hizo su fortuna en pocos años. Nació pobre el 18 de mayo de 1967 y ya muchacho se desempeñó como ayudante de mecánico, mesero y empleado de una maquiladora. A los 30 años fue el hombre más buscado por la Agencia Antinarcóticos (DEA, por sus siglas en inglés) y cuatro años después viajó encadenado a Estados Unidos sin un dólar y con fama de hombre sanguinario. Dice Sandra Ávila que fue un líder y lo sigue siendo, el único que, aun preso, conserva el poder intacto entre los suyos.

Rafael Caro Quintero es otro ejemplo de riqueza y popularidad, promiscuo para el amor, dotado como un semental. Cerca de la gente, lo mismo en los bailes que en el cementerio, romántico, enamorado, se quitaba lo que llevaba puesto para dárselo a quien se lo pidiera.

Cuenta la Reina del Pacífico:

—Yo lo admiraba por ayudar a su gente, era noble y espléndido con los suyos. Líder también, protector de su familia.

*　*　*

Nos reuníamos los viernes, a veces también los martes. Un día conversamos sobre *Máxima seguridad*, libro que apareció tres años después que *Cárceles* y que Sandra Ávila leía en la cárcel después de que se lo di. *Máxima seguridad* se ocupa, entre otros asuntos, de grandes capos. Un capítulo cuenta de Caro Quintero, el amigo de Sandra Ávila. Con mínimas líneas adicionales, leí con voz enfática lo que concierne a Caro:

Es un zombi. Dejó de vivir. Calada la gorra beige hasta las cejas, corría vueltas y vueltas alrededor del patio. Nada altera el paso, rítmicos los movimientos, perfectos. El cuello permanece inmóvil y el cuerpo en movimiento carece de expresión. Nada lo detiene, nada lo interrumpe.

Desde el espacio apenas abierto de una ventanilla, le grito:

—¡Rafael!

No me escuchó.

De nuevo:

—¡Rafael!

Sigue Caro Quintero en su carrera.

Otra vez.

—¡Rafael!

Apenas se detiene. Me reconoce. Algunas veces nos habíamos visto en los interrogatorios de la prensa.

—¿Qué quieres?

—Platiquemos.

—Bueno.

No platicamos. Su lenguaje también había muerto.

Queda en las páginas del libro un apunte sobre la corrupción brutal, que imperaba, ya pública, en tiempo de Caro Quintero:

Hace casi veinte años —los setenta, los ochenta— el país se asomó al escándalo del narco. Fue denunciado el Búfalo como una extensión inmensa sembrada de marihuana. El capataz era Caro Quintero, con dominio sobre siete mil jornaleros. Las crónicas de la época afirmaron que se trataba de mano de obra envilecida. Sueldos ínfimos y vigilancia perruna alrededor de sus barracas.

Los tráilers con droga circulaban por la carretera hacia el norte igual que un automóvil en una vía desierta. Personas importantes estaban atrás del negocio. De otra manera costaría trabajo explicarse la impunidad en aquella región de Chihuahua.

Sandra Ávila me escuchó con atención, lacónico su comentario:

—Los peores están afuera.

\* \* \*

Miguel Ángel Félix Gallardo permanece en Almoloya por la tortura y muerte del agente de la DEA Enrique Camarena Salazar. Fue uno de los capos en el cártel de Guadalajara.

Escribí en *Máxima seguridad*:

Me reuní con Miguel Ángel Félix Gallardo, rotundo de pies a cabeza. La voz recia, el ademán autoritario, la certeza de los juicios. La grabadora quedó por ahí, desconectada, animal muerto.

Del narcotráfico dijo que Estados Unidos lo aprovechaba para hurgar en nuestras entrañas. Partidario del control de la droga, como Octavio Paz y Gabriel García Márquez, así como un reciente movimiento en Holanda, comparó su consumo con el del alcohol. Nadie ignora los estragos que puede causar el licor, la destrucción individual, la disolución de las familias, el acicate del crimen. Nadie desconoce, tampoco, que puede ser un estimulante y un atractivo legítimo en la vida. La disyuntiva está en su uso. Otro tanto ocurre con la droga, la heroína, el opio. El problema radica en los consumidores, no en el estupefaciente.

Le dije a Félix Gallardo que todo poder imperial es dañino en sí, signo de inequidad, origen de la injusticia. Pero frente a un hombre como él, reconocida su inteligencia e inocultable su personalidad, la del liderazgo, a mí me importaban sus vivencias acumuladas. Las teorías pertenecen a muchos, la vida personal es única y, en ese sentido, era fuente de reflexión y conocimiento.

Hasta ahí llegó nuestro encuentro, enlazadas dos manos frías, mas no hostiles.

—¿Qué me dice de Miguel Ángel Félix Gallardo, señora?

—Cuando yo conocí a Félix Gallardo lo conocí con dinero. Era dueño de un hotel en Guadalajara, tenía discos y departamentos. Yo oía decir que se conocía con mi familia desde que eran jóvenes y también que había sido tránsito y judicial.

—¿Cómo era?

—Tenía muchos enemigos.

—¿Por qué?

—Dicen que era malo.

De nuevo:

—¿Por qué, señora?

—Corría la voz que abrazaba y mataba por la espalda. Contaban que una jovencita se abrió las venas. Se la veía triste, pues nadie entendía por qué el intento de suicidio.

Alguna vez se la escuchó decir: "Me droga y luego me viola".

La señora agrega:

—Pero la vida es como es y ofrece compensaciones. Los hijos de Félix Gallardo son muchachos excelentes, de vida clara. Por fortuna hasta ahora no los han perseguido por ser hijos de quien son, como a tantos. Los hijos no tienen por qué cargar con las culpas de los padres. Me gusta quererlos. Me dicen tía.

"Muchas personas nos piensan familiares de Miguel Ángel Félix Gallardo, pero se equivocan. Mi mamá es Beltrán Félix, se apellida igual que Miguel Ángel, se conocen desde muy jóvenes, pero no los emparenta la sangre. Miguel Ángel apreciaba mucho a mi abuela y mi familia apreciaba mucho a su familia."

*  *  *

Dice Sandra Ávila que si voltea a un lado ve el narco, si voltea hacia el otro observa a las autoridades y si mira al frente los ve juntos. En ese ambiente nació rica, muy rica. Con el tiempo, la violencia se ha ido enseñoreando de su vida.

Los ojos de Sandra Ávila se encierran a veces en una tristeza fúnebre o en un hastío profundo, estados de ánimo que coinciden y se hacen uno en la desesperanza. Así me parece. Pero más allá de la depresión, al final sus ojos son como son: oscuros, simplemente negros.

Le pido que me platique de su infancia, de su familia. Su padre murió a fines del siglo pasado, hombre bueno. Su madre, María Luisa Beltrán, no mantiene relaciones con los narcotraficantes, a pesar de lo que se dice. Los conoce, pero no están vinculados a sus vidas. Su abuela, la Chata, tampoco. Así fue en Tijuana, así ha sido en Culiacán y así en Guadalajara, centros de la vida de Sandra Ávila. Cuando Felipe Calderón lanzó al Ejército contra los narcos, a su juicio sin medir las consecuencias de una decisión tan grave en esas ciudades que son parte de su existencia, la violencia imprimió tonos aún más sombríos al paisaje cotidiano de vastas regiones de la República.

No ve desenlace en la lucha sin cuartel que ahora se libra. Los muertos se suceden a los muertos, los secuestros a los secuestros y así seguirá siendo. Si cae un oficial, de inmediato es sustituido y si muere o es preso un capo, al rato aparece el sucesor. El Ejército no podría desaparecer, y la plaza narca, tampoco. Creció tanto y tanto sigue creciendo que su poder rebasa el mito. Es tangible como un bosque y de ahí su fascinación.

Platica de su hijo, de 21 años, hostigado por su origen. Ella ha intentado ponerlo a salvo de peligros ciertos e inciertos, largos los insomnios, invisibles las sombras visibles, pero ha sido inútil. A los 14 años fue secuestrado y un tiempo largo estuvo en Canadá, otro en Argentina. Regresó a su patria. Ahora, los abogados han recomendado que no viaje a la ciudad de México para encontrarse con su madre. Sería riesgoso para el muchacho, en la mira del gobierno. Lo mismo ha ocurrido con otras personas allegadas a la reclusa, su madre por sobre todas. Que no venga, dicen los asesores. Sandra Ávila se reúne con amigas y amigos, primos, pero no con los de mero adentro, los de su corazón. La directora del penal me dice que apenas tiene visitas.

En un diálogo prolongado, los silencios conversan. A veces, pesa romperlos.

Dice Sandra Ávila, casi íntima:

—Mis captores pueden tener de mí la opinión que les venga en gana, pero no pueden condenarme por mis relaciones personales, narcos o no narcos, trátese de quien se tratara. La persecución contra mis parientes me resulta infame: el poder desde la sombra es impune y vengativo.

Luego, en lucha por mostrarse dueña de sí:

—Me he emborrachado con la vida y he padecido crudas de las que me he levantado. Ahora tropiezo con los muros de mi celda entre la depresión y el ánimo, medio muerta y medio viva, caída y vuelta a levantar. Estoy aquí sin delito y esto ya va para 10 meses.

A punto de rodarle las lágrimas, un clínex las contiene en la cuenca de los ojos:

—No llore, señora.

—En la cárcel, lloramos todos.

\* \* \*

—¿Y su infancia, señora, ahora hecha de memoria y las claves misteriosas del recuerdo?

—La recuerdo en Tijuana. Éramos siete hermanos y vivíamos en una casa muy grande, de siete recámaras. Había sala de billar, alberca, luz y espacios por todos lados. Yo tenía nueve años cuando murió Lupita, de cuatro, la menor, la consentida. La muerte me trajo tristeza y susto. Mi mamá lloraba mucho, mi papá también. Fuimos a la funeraria y la gente entraba y salía. Apenas cabíamos. Mi mamá la pasaba encerrada y cuando dejaba su cuarto la veíamos llorar. Duramos un año sin televisión, sin prender el radio, sin abrir las cortinas. Así nos tenían a todos.

—¿Ejercen sus hermanos alguna profesión?

—Mi hermano mayor era licenciado en administración de empresas y abogado. Tuvo una muerte espantosa, asesinado por asfixia. Una de mis hermanas es diseñadora de

21

interiores, luego soy yo, el granito negro, luego sigue otra hermana que es odontóloga, una licenciada en derecho internacional y otra licenciada en comercio internacional.

"La odontóloga ejercía, pero su esposo tiene una enfermedad muy rara. Se le empezaron a torcer las piernas. No pisa firme. De esto hace 10 o 12 años. El mal, primero en una pierna, se le notaba poquito y luego en la otra. Empezó a usar bastón, después me contaron que andaba en muletas y aquí vino a verme en silla de ruedas. Ya no se puede poner de pie. Lloré cuando lo vi. Fueron a Cuba, a Ucrania, a Houston, a España. En Ucrania les dijeron que acaso pudieran tener algo que evitara el avance de la enfermedad. Es un hombre joven, 34, 35 años. Es cantante de música de banda. Era hermano de Valentín Elizalde, el cantante que mataron en Reynosa, en 2006."

—A su hermano mayor lo matan, el otro es Ricardo. ¿Qué estudió él?

—Con él casi no me llevo, no lo veo, pero lo quiero. Trabaja con un hermano de mi mamá. Se dedica a la agricultura, siembra chile, maíz, frijol. Le importa el buen nombre y la reputación. Lupita es licenciada en comercio internacional.

—¿La otra Lupita es la que se murió pequeña?

—Sí. Después, cuando nace ella, le vuelven a poner Lupita. La más chica de todos es María Luisa, igual que mi mamá. Le decimos Marisa. Lupita es muy desapegada, vive muy apartada de nosotros. Está casada y tiene dos gemelitas.

—¿Y su hermano mayor?

De un soplo Sandra Ávila cuenta la tragedia:

—Mi hermano se encontraba en casa, tranquilo. Con su hija, de 19 años. Llegó un amigo suyo, pero detrás del amigo llegaron otros sujetos, tres. Les dijeron que los acompañaran y a la muchacha le quitaron el celular, le advirtieron que la pasaría mal si pretendía llamar a la calle y desconectaron el teléfono de la casa. Antes de salir, le dijeron que a su papá y a su amigo nada les pasaría y que ella no se moviera de donde estaba.

"Se llevaron a mi hermano y al amigo el 16 de marzo de 2005. Yo no sabía lo que estaba pasando y al día siguiente, en la mañana, mi hermana se entera por las noticias. Ella sí sabía que se los habían llevado de la casa, pero esperaba que aparecieran vivos. Y al otro día escucha en las noticias que aparecieron dos cuerpos encobijados y asfixiados. Él y su amigo. Los habían torturado, los habían asfixiado con una bolsa de plástico. Nunca se dijo quiénes habían sido ni por qué. Quisiera saber pero nunca sabré.

"Mi hermano fue licenciado en derecho y licenciado en administración de empresas. Desde niño fue estudioso, siempre con diplomas, abanderado, frecuentemente el que recitaba en los eventos escolares. Después, un hombre responsable con su familia. Sus hijas estaban en un colegio de monjas, de los mejores de Tijuana. Mi hermano siempre formaba parte de la mesa directiva. No le gustaban las armas, no le gustaban los pleitos. Era respetuoso, y decía que por mí sacaría los espolones. Así me lo decía: 'Si te hacen algo se las ven conmigo'. Me quería mucho. Le llegó al alma enterarse de que, asesinado mi esposo, mis cuñados dijeran que yo los había robado y que hacía negocios con el fraccionamiento de Hermosillo.

"Yo sé que mi hermano no hizo nada para que lo mataran. Pero mi cuñada y mis sobrinas dicen que fue por mi culpa que acabaron con él, que por saber donde estaba yo. Que lo asesinaron por descubrir mi paradero. Infamias que se agregan al dolor de perder al hermano que siempre admiré, dolor que se agrega al de la acusación."

* * *

—Mi papá tenía dos ferreterías enormes y la varilla y el cemento le llegaban de Japón. También tenía un rancho, en Culiacán, con cabezas de ganado y caballos de carreras. Nos proporcionó una vida muy buena. Le daba joyas a mi mamá, que mi mamá me iba regalando. Ahí comenzó mi gusto por las alhajas. Yo las miraba como soles.

"Mi mamá tenía muchas joyas y compraba más. A mí me gustaban sus pulseras, sus collares, sus anillos. Me ponía y me quitaba los adornos una y otra vez. Las joyas no sólo eran joyas. Eran juguetes. Tengo dos sobrinas pequeñas que son como yo fui. No preguntan si son baratas o cuestan dinero. No se les ocurriría, como no se me ocurrió a mí. Creces y las joyas pasan a formar parte de tu guardarropa.

"Al morir Lupita me di cuenta de lo que se puede sufrir de un día para otro. Quedamos cuatro hermanos, después nacieron Ricardo, Lupita y Marisa. Teníamos dinero, buena ropa, buena comida, buenas escuelas y fiestas muy bonitas, como las de Navidad, pero ella no estaba. Nos lle-nábamos de familia, de tíos, de primos, mi abuela paterna, que era la anfitriona, y otros parientes de Estados Unidos. Nos llevaban de vacaciones a Culiacán para disfrutar de los ranchos, de los ríos, de los animales. Comprábamos dul-ces, a la piñata le dábamos con un palo, tronábamos cohe-tes, y a los siete años uno me dio en la ceja. Me queda una cicatriz chica, aquí en la nariz. Había una banda que toca-ba, muy alegre. El Recodo, se llamaba. Todo me resultaba fascinante. Siempre llevaré el gusto enorme por las raíces de mi familia."

Sigue Sandra Ávila, largo el relato:

—Hay sucesos de mi adolescencia que se me quedaron como cicatrices. Uno fue la desaparición de un tío, hom-bre joven, 34 años. Su cuerpo desapareció y fue para siem-pre. En Culiacán a nadie sorprendía la gente armada, ni los balazos, ni la gloria estúpida de haber matado, cobrada en los inocentes. A veces, jovencita, pensaba que era espantoso que viviéramos como en las películas gringas de vaqueros. Pero no era así. La sangre de la muerte real no se ve en las pantallas ni queda en los ojos. Es sangre inocente que no se pierde y duele para siempre. Sabría en la edad adulta que esa sangre pasa a reunirse con la propia sangre.

"Yo tenía 10 años. Mi abuela vivía en la calle principal de la colonia más famosa y violenta de Culiacán, Tierra Blanca, que hasta tiene un corrido que dice: 'Tierra Blanca se encuentra muy triste, ya sus calles están desoladas'. Tie-rra Blanca era tan peligrosa como pudiera ser Tepito en sus

peores épocas. Cuando nos llevaban de vacaciones a Culiacán, niños aún, siempre oíamos balazos y ya no nos asusta-
ban. La gente caminaba por las calles en bandas, pandillas de
tres, cuatro personas. Andando con la banda, unos y otros
se animaban a sacar las pistolas y jalar el gatillo.

"Una vez con mi papá, a bordo de una pick up, transi-
tando por la avenida principal, la Obregón, presenciamos
un tiroteo entre los tripulantes de dos carros. Eran de todos
los días esos encontrones, agarrones que veíamos cerqui-
ta. En otra ocasión mi papá nos había llevado a cenar a un
restaurante bonito y allá llegaron camionetas de policías
que irrumpieron en el lugar. Todos los comensales fueron
avisados que dejaran las pistolas a las meseras y las meseras
iban y venían con las charolas y las armas."

—En Guadalajara, una de sus ciudades, ¿cómo se daba
la relación entre las familias?

—La ciudad es preciosa, lo fue siempre. Todos éramos
amigos o compadres, familia. Había muchas fiestas. Los
jóvenes nos reuníamos en una granja o en un lugar a gusto para hacer carne asada, jugar a la botella, cantar y bailar.
Cuando las fiestas eran de los señores grandes, aquellos
fiestones eran amenizados con música de bandas. Todo
mundo iba. Cuando detienen a Rafael Caro Quintero acabó esa época de unidad. Surgió otra gente, gente nueva, y
todo cambió.

—¿Amado Carrillo formaba parte de la otra generación?
¿Y el Chapo? ¿Quién más?

—Los Arellano.

—¿Cuándo salió usted de Tijuana para irse a Guadalajara?

—A los 18 años. En Guadalajara entré a la universidad para estudiar ciencias de la comunicación. Me encantaba el periodismo.

—¿Terminó sus estudios?

—Ingresé en la Universidad Autónoma de Guadalajara (UAG) y no terminé porque tenía un novio que me secuestró y me orilló a dejar las clases. Era sobrino de Ernesto Fonseca. Ellos tenían mucho poder.

—¿La soltó o usted se escapó?

—Me soltó porque el señor Ernesto es compadre de mi mamá y de mi papá. El papá de mi novio se apellida Caro Fonseca y también era compadre de mi papá. Cuando me secuestró, mis padres van a hablar con don Ernesto Fonseca y con el papá de mi novio.

—¿Fonseca estaba detenido?

—Aún no. De esto hace muchísimos años. Don Ernesto tendrá como unos 12 años detenido.

—Yo creo que más.

—¿Quince?

—Más de 20 años. Lo detuvieron en la época de De la Madrid o de Salinas. En 1986, 87.

—Apenas 20 años, porque a él lo detuvieron después que a Rafa.

—¿Él vivía en Guadalajara o en Sinaloa?

—En los años ochenta mucha gente se fue a vivir a Guadalajara, muchos sinaloenses. Nosotros también nos vinimos de Tijuana. Como todos eran compadres, yo me juntaba con los hijos de los compadres de mis papás. Éramos como una familia. Fueron a hablar con el tío del secuestrador. El papá le exigió que me entregara porque no quería problemas con mi familia. Él me dijo que me iba a soltar, que yo dijera que me había ido por voluntad propia y que me regresara con él. Asentí para no contrariarlo porque era muy agresivo. Pero en el momento en que me soltó me fui para Tijuana y tuve que dejar la universidad por mi seguridad.

Pasó un tiempo. Quise volver a la UAG, a ciencias de la comunicación de nuevo, a la especialidad de periodismo, que se había inaugurado en la época de mi primer ingreso y que también fue el primer año del *8 Columnas* de Guadalajara. Pero ya no era lo mismo. Con el tiempo miro a mis ex compañeros y siento pesar por no haber concluido mis estudios. Uno de ellos era Fernando Martínez, a quien veía en el noticiero de Tijuana, en el 33. Otro era Víctor Tolosa, en el noticiero de espectáculos de Televisa. También Pati Janero, que se formaba en el canal de Guadalajara.

No pude quedarme en ciencias de la comunicación. Sentía nostalgia. El tiempo se me había ido. Periodismo ya no. Sentía también como algo de pena por ser la grande en el aula, inconsecuencias del carácter en formación. Me inscribí en turismo. Culminaría la carrera, como fuera. Pero nada de todo esto tenía sentido. La carrera no me gustaba.

—Todo secuestro es violento. Éste que sufrió usted ¿qué grado de violencia alcanzó?

—Fue muy violento.

—¿Salieron las armas?

—Sí. Yo estaba en la casa con mis hermanas, mi cuñada y mi sobrinitas. Mi papá se encontraba en la sala de televisión, en el segundo nivel. Llegó mi novio con su hermano y tocaron la puerta. "¿Está Sandra?" Me asomé y vi al hermano, que me preguntó: "¿Puedes venir tantito?" Salí. Me jaló hacia la cochera y ya estando afuera, apareció mi novio detrás de un muro, con tres muchachos más. Llevaban dos carros. Era de noche. Me sujetaron y me ataron con los brazos hacia atrás. Traté de luchar, de soltarme. Grité. Salieron mis hermanas, mi cuñada y mis sobrinas. Mi hermana se le abalanzó a uno en la espalda. Las demás los muerden, los arañan, los patean. Mientras, ellos me empujaban a uno de los carros. Yo ponía las piernas rígidas para impedirlo. Me jalaban del cabello, yo me detenía como podía, hasta que uno de ellos sacó su pistola y empezó a disparar. Las mujeres se asustaron y se escondieron, corriendo.

Me sometieron entre todos, me agachaban la cabeza para que no pudiera ver. Me llevaron a un rancho. Mi novio me golpeó mucho. Por la mañana llegó su papá.

—¿Al rancho?

—Al rancho, y le dijo: "Entrégamela, porque ya fueron sus padres a hablar con tus tíos y conmigo. No queremos problemas con esta gente. Andan muy enojados". Mis tíos eran personas conocidas, tuvieron mucho dinero y poder. El más destacado era Roberto Beltrán. Él también fue a exigirle al papá de este muchacho que me regresara. El padre de mi novio volvió al rancho a mediodía: "Ya te dije que

29

entregues a la muchacha, traigo a la familia encima, ya me amenazaron". Fue cuando mi novio me dejó ir pero sólo con la condición de que regresara.

—¿Le daba terror?

—Además, no podía estar con él, forzada. Era un muchacho joven, posesivo y muy violento. Era de los que le gritaba insultos a su mamá. Cuando no le gustaba la comida, le aventaba los platos. Era atroz, todo un macho. No me convenía. Era de los que te dicen: "Eres mía", y a fuerzas tienes que pertenecerle. No faltaba quien le dijera que yo estaba en tal discoteca. Si me encontraba, entraba como fiera y me sacaba de las greñas.

—¿Así era la violencia en Guadalajara?

—Sí. Fue una época, allá.

—¿Ya habían detenido a Rafael?

—No. Además de Rafa estaban el Cochiloco, Miguel Ángel Félix, Don Neto, el Chapo. Ellos eran los principales. Aún no eran poderosos los Arellano ni Zambada. Este último era sólo un ganadero de Sinaloa.

\* \* \*

—En el jolgorio, en las risas, en el baile que nací bailando, algunas veces se me aparecía Lupita. En ese tiempo supe que yo también me podía morir y, como yo, mi mamá, mi papá, mis hermanos. Desde entonces tuve miedo y el miedo me ha quedado.

"Siguieron muchas muertes. El comandante José Luis Fuentes, Comandante le decían todos, y un tiempo llegó a serlo, fue el papá de mi único hijo, que yo hubiera querido tener muchos. Soñaba con una familia muy grande. Mi esposo falleció cuando mi niñito tenía un año y siete meses. Yo tenía 26. Mi medio hermano, que vivía conmigo, también murió. La muerte alcanzó a mi esposo y a mi hermano. Perecieron tres más, gente que estaba con mi esposo. Mi hermano, pues yo no creo en medios hermanos, no hay hermanos como mitades, tenía 18. Yo me había sentido protectora de mi hermano y desde entonces me siento culpable frente a su recuerdo. Si no lo hubiera protegido tanto, si no me lo hubiera exigido tan cerca, no hubiera pasado lo que pasó. Fui como una sombra que lo llevó a la muerte."

—¿Cómo se llamó?

—Alfonso Luis.

\* \* \*

—Yo vivía con mi esposo, el comandante José Luis Fuentes Jiménez, en Tijuana y él se la pasaba en el rancho Los Olivos, que así se llama todavía. Está cerca de la playa, entre Tijuana y Rosarito.

—¿Cómo era el Comandante?

—Era atravesado, como decimos en el norte, de carácter fuerte, noble, buen amigo, le gustaba ayudar a la gente. Muchos son así en el mundo del narco.

"La niñez de mi esposo transcurrió en Tamazula, Durango. Su papá se llamaba Gregorio y mi esposo decía que cuando estaba chiquito hacía pistolas y rifles de madera porque quería ser policía, como su papá, al que mataron cuando apenas tenía 10 años."

—¿Por qué lo mataron?

—Era policía rural. De los policías de los ranchitos, de los pueblitos. Mi esposo nunca me dijo por qué habían matado a su papá.

—¿Supo su esposo de los que le mataron al padre?

—Él supo quién fue. Ya muerto don Gregorio, cuatro años después, pasó por Tamazula una partida de judiciales que iba de Sinaloa hacia Durango. Mi esposo se fue con ellos y no regresó con su familia sino hasta que cumplió 18 años. Se fue sin pedirle permiso a la mamá y sin una sola de sus pertenencias. Cuando regresa, lo hace con el nombre de Gregorio. Se pone el nombre completo del papá, Gregorio Fuentes García. De hecho, se casa conmigo como Gregorio Fuentes García.

—¿Se pone el nombre por amor a su padre?

—Por amor a su padre, que fue su ídolo. Él vuelve al pueblo como elemento efectivo de la Judicial, hasta que llega a ser comandante del estado de Durango, de la Judicial. Pero vuelve, fundamentalmente, a vengar la muerte de su padre.

—¿Y los mata?

—No sé. Son historias que me llegan de lejos. Yo no le preguntaba muchas cosas, pero me hablaba de muertos. Era muy noble, pero muy violento. Se le quedó el mote de "Comandante".

Salen solas las palabras de Sandra Ávila:

—Mi esposo era inteligente, precavido. Todo el día, un cuerpo de seguridad lo protegía. Nos acostumbramos a un carro blindado, a la puerta de su recámara. Unos pasos y estaba fuera. Siempre andaba armado con su pistola y el cuerno de chivo al hombro. Era valiente, sus guardias morirían por él y él moriría por sus guardias. Por eso lo querían.

"Yo, como platicábamos, acababa de tener a mi segundo hijo. El bebé nació de seis meses y falleció luego luego. Los doctores pensaban que podía haber crecido sano.

"Mi esposo perdió sus cabales. Ante todo, ordenó a sus guardias que lo dejaran solo. Se refugiaría en el rancho. Algunos no lo obedecieron y se quedaron con él. No se me quita de la cabeza que José Luis murió a traición. En su círculo más cercano se conocieron sus pasos y fue así como acabaron con él, sin riesgo, a mansalva. El puñal por la espalda, de lo que el mundo del narco está lleno.

"Los asesinos lo dejaron tirado, tocando la muerte. Así permaneció seis horas. Fueron por él cuando agonizaba sólo para verlo morir camino al hospital."

—¿Y usted, señora?

—Ese día, jueves, yo me estaba bañando y como a las 6 me hablan y me dicen que hubo una balacera en el rancho. Me avisaron, sin una palabra compasiva, que a mi esposo lo habían matado y a mi hermano también. Supe después que los infantes de Marina de la jurisdicción de Ensenada fueron los autores, primero del allanamiento del rancho y luego del horror. La infamia se repetía: se informó que en el rancho se encontró droga, calumnia que pretendía justificar la masacre.

"Yo me fui a Ensenada para exigir un informe acerca de lo acontecido. Tijuana no pertenece a la jurisdicción de Ensenada y no tenían por qué haber ido allá los marinos. Nadie me hizo caso. Sólo me informaron que habían cambiado los mandos en la zona naval. Entendí: 'Cambio de mandos. Nada que hacer'.

"No obstante, presenté una demanda contra las autoridades de Marina en la zona naval de Ensenada. No me sorprendió su silencio."

—¿Por qué los crímenes?

—Alguien estorbaba. Ese alguien era mi esposo. Mucho tiempo fue comandante en el estado de Durango y un día dejó el cargo y se fue a vivir a Culiacán. Nunca me dijo hago esto, hago lo otro. Yo veía que tenía muchas relaciones con comandantes, con militares, con gente de gobierno, incluso era amigo de Acosta Chaparro. Yo los escuchaba de pasada.

—¿A quién estorbaba?

—Mi esposo tenía muchos amigos del gobierno, como le digo, militares, federales. Manejaba Culiacán como si le perteneciera, pero igual que con unos, tenía relaciones con otros. En ese ambiente supongo que daba protecciones y hacía arreglos.

"Yo tenía a toda mi familia en Culiacán. Ahí vivían todos mis tíos, vivían todos mis primos, en aquel tiempo, cuando lo mataron, todavía estaban ahí. A mi esposo lo rodearon primero y luego le tiraron. La pérdida de tu pareja, la pérdida del papá de tu hijo, desata un sufrimiento muy grande. Cuando el niño, mi niño mira el teléfono y lo quiere buscar, eso te acaba el alma. Reaccioné. Tenía que luchar por mi hijo y por lo que tenía. Con los que uno trae adentro, la vida es una sola, se amarra."

En ese entonces, Sandra Ávila había cumplido 27 años.

* * *

Desde su nacimiento en 1963, la muerte ronda a Sandra Ávila, los círculos cada vez más estrechos. Ella mira la muerte como si la tuviera enfrente. Ha ido sabiendo que la tragedia es condición de la droga, poder que va rebasando otros poderes. A lo largo del tiempo, ese poder se ha constituido como una sociedad que da forma a códigos con lenguaje propio y a una cultura bárbara. En esas sociedades el gobierno es marginal, poco cuenta, o ya ni eso. Crece el número de las autoridades subordinadas al narco.

—He sabido de municipios de Michoacán, por ejemplo.

—Los narcos ya imponen autoridades a la luz del día, imponen a los presidentes municipales, los jefes de seguridad, los que les importan. Me he ido acostumbrando a esta realidad.

Agrega, la voz neutra, extrañamente impersonal, ausente el diálogo, el mundo adentro de su mundo:

—Me fui quedando sola, en un mundo lleno de adversidades. Ahora en la cárcel, ya no es la soledad la que punza sino el aislamiento, mil soledades juntas.

No quiere mostrarse decaída. Vuelve a sus historias, su historia:

—Un día de ésos, plano al parecer, mi esposo conducía un carro en el que viajaban unos niños, hijos de un señor importante. Un incidente de tránsito traería consecuencias inesperadas. Una camioneta chocó contra el carro que manejaba mi esposo, los niños se golpearon y se armó la trifulca.

"En un segundo la violencia se hizo dueña de todo. Salieron las pistolas y mi esposo disparó a un individuo, como el del otro bando que también disparó, el pleito sin ventajas. Poco después sabríamos quién había sido el caído, el hermano del Güero Palma.

"El Güero Palma tenía relación con Miguel Ángel Félix Gallardo, eran amigos o conocidos. El gran capo había invitado a mi esposo para que se les uniera. Ese paso habría sido imposible. Entre ellos ya había habido agravios."

\* \* \*

—Dejaríamos esta vida ya tan problemática y buscaríamos otra, lejos. Nos hablábamos con los ojos. Fuimos a Guadalajara y nos reunimos con mi mamá. Mi esposo le regaló la casa que habitábamos, grande, hermosa, la luz como un regalo del sol. "¿Te vienes conmigo, a otro país?", me preguntó. "Nos vamos juntos", le dije. "¿Dejarías a tu familia para siempre?", me previno. "Me voy contigo."

"En Bolivia contaba mi esposo con amigos de su absoluta confianza. A uno de ellos, Carlos, le había salvado la vida. Acusado de haberse robado una fortuna de un grupo al que pertenecía, todos bolivianos, secuestrado, inerme, había recibido la amenaza extrema: o pagaba o lo mataban. Mi esposo rescató a Juan Carlos y Juan Carlos le juró que su vida estaba a disposición de lo que él quisiera. Le regaló un maletín lleno de joyas. Algunas las conservo en la caja de seguridad de un banco.

”En Bolivia compramos una casa con muebles a nuestro gusto. La casa era muy grande, así las he querido siempre. Tenía un jardín enorme y una alberca azul.

”Instalados en Santa Cruz, mi esposo viajó a Brasil. Allá compraría un rancho. Le gustaban mucho los caballos, como a mí, y los toros inmensos, los sementales que hacían fama.

”Volvió a Bolivia y el mismo día de su regreso se propuso hablar con Juan Carlos, preguntarle cómo iban las cosas. Llegó confiado y le respondió la amargura. Juan Carlos había cambiado. Puso trabas para recibirlo de inmediato. Le dijeron que estaba con unos mexicanos, entre ellos el Lobo. Sabíamos del Lobo, de otras confianzas.

”Como si un rompecabezas se armara solo, ese mismo día mi esposo recibió una llamada de Culiacán. El telefonema fue alarmante a más no poder. ‘Comandante —le dijo una voz leal—, salga inmediatamente de Bolivia. Sea prudente y sigiloso. Lo quieren matar.’

”De inmediato dejó Bolivia y se fue a Guadalajara. Había mucho que hacer. Reanudar nuestra vida en México, comprar una casa, prepararme para una bienvenida amorosa. Anunció a los bolivianos que regresaría pronto, pero a mí me dijo: ‘Te vas pronto, Negra’ —que así también me nombraban—. Quedé resguardada por dos compañeros mexicanos que siempre nos acompañaban, de ésos que uno piensa que es imposible que traicionen. Aquí no me equivoqué, pues sé bien que las traiciones son más que las lealtades en la sociedad de la que soy.

”Los días eran tensos. Me llegó el miedo. Mi esposo me había dicho que tuviera cuidado, sobre todo por las noches. Protegida hasta donde se podía, cada noche salía a caminar por el campo. Me agotaba y regresaba a dormir, ya de madrugada. Arreglamos nuestra salida a Brasil, explícita la falsa promesa a los bolivianos de que regresaríamos a Santa Cruz. Salimos los tres, al fin.

”Ya en México, mi esposo y yo nos dispusimos a vivir una vida que ya no nos gustaba tanto. Desde entonces tuve presentimientos que se han ido cumpliendo en un tiempo corto. Ya puedo decir que he enviudado tres veces. Mi esposo, mi marido y un novio al que quise tanto como puede querer el corazón de una mujer, al igual que a mi marido y un poquitito menos a mi esposo. Pero los tres son recuerdos intensos, de un limpio amor. El recuerdo conforta, ya se sabe, mas no calienta la intimidad de dos.”

Un trago de café y una galleta de El Globo, dos charolas de panes que acostumbraba llevar al área de la dirección, determinan por sí mismos una pausa.

\* \* \*

—El Lobo era enemigo de mi esposo, el Comandante, por rencillas pasadas. Era uno de esos enemigos que se ganan sin motivo aparente. Empezó su vida con el robo de carros. Luego ascendió, pollero en Tijuana. Un amigo lo contactó con Miguel Ángel Félix Gallardo y con él dio un paso muy importante: se hizo de sus confianzas. No cesó el Lobo en busca de poder y se hizo socio del Güero Palma. Creció mucho y se decía que los militares lo protegían.

"Un día Miguel le habló a mi esposo y le dijo que iban a matar al Lobo. Le dijo también que Armando López era quien le iba a poner piso. Lo que escucho, lo escucho. No hay aquí hechos que me consten.

"Sin embargo, le dije a mi esposo que yo no creía eso. Armando López era amigo del Lobo, y Armando no era traicionero. Me contaron que al Lobo lo matan el 8 o el 10 de agosto de 1988 y a Armando López cinco meses después."

\* \* \*

—Prófuga, yo no me quería esconder completa, hacer de un refugio una cárcel que me liberara de la cárcel. Buscaba espacio, viajaba si se podía. Juan Carlos Villalobos, un tiempo comandante de la PGR en Tijuana, había conocido a mi esposo a través de un amigo común, también comandante. Volví a saber de él en el 2004. Me dijo que había conocido a José Luis Fuentes, que lo había apreciado mucho y deseaba ayudarme, que me fuera a Reynosa, donde vivía. También me dijo que había dejado la PGR y tenía unas discotecas en Ciudad Victoria. Le dije que le llamaría y no le llamé. Insistió. "Cuando pueda." El viaje desde Guadalajara era largo y sería riesgoso. Volvió a decirme que me fuera, ahora a través de un amigo que me llevaría en carro hasta allá.

"Llegando a Reynosa visité a Juan Carlos. Me dijo que la pasaría bien, tranquila, que me quedara. Me preguntó si conocía a José Caro. Le dije que era como de mi familia y lo llamó por teléfono. '¿Qué haces por aquí?', me preguntó José. 'Dando la vuelta.' Unos días después fuimos a una boda, saludamos a todos y José me presentó a Joel Landín Alcaraz. Antes de que terminara la ceremonia, nos salimos juntos. Ni un whisky terminé. Yo ignoraba que seríamos pareja, pero el destino sí lo sabía.

"Un mediodía comimos todos juntos, camarones, callo, que unos amigos habían enviado en una hielera grande. Todo iba bien. Y al otro día me entero de que habían matado a un compadre de José Caro que también se llamaba José, José Chaires. Dije: 'Me voy, me regreso de donde vine'. Pero me hacen saber que no podía irme. 'Tú fuiste.' La acusación vuela, ni sé cómo. Yo era de Sinaloa y conocía a José Chaires, pero había rencillas, venganza, todo lo que da la sociedad en la que viví. Expliqué que Juan Carlos también estuvo en Hermosillo, en Tijuana, en Culiacán, que los conocía a todos y a nadie le pasaría por la cabeza decir que él había sido. ¿Y por qué yo sí? Insisto en que llegué a Reynosa preguntando por nadie, o sea, sólo por Juan Carlos, que era el que me había llamado, y que ni siquiera llegué por mi propia iniciativa. Yo no estaba enterada de quiénes vivían allá ni de lo que en ese momento pasaba en la ciudad. 'Pues no te vas.' Había que aclararlo todo. '¿Aclarar qué?' 'No te vas.'

"La sociedad narca, enloquecida como es, frecuentemente, enloquece. Un día el cielo de la vida amanece negro y al día siguiente se torna azul. No se discute con palabras.

Se discute de otra manera: la violencia, el poder, la vida que muchos se juegan al día a día, genera la enfermedad de las suspicacias, del miedo y la muerte. El poder y el pleito por la droga al precio que sea arrastran a muchos. Yo me sé inocente. Y pago las consecuencias sin tenerla ni deberla. La brutalidad me ha golpeado mucho.

"Joel me promete que él me sacaría de Tamaulipas, que lo que me pase a mí le pasa a él, que habrá de cuidarme. Dejamos Reynosa y él se va a Colima, donde tiene familia, compromisos. Antes de despedirnos me dice que había comprado unos teléfonos para que pudiéramos comunicarnos entre nosotros. Así empezamos."

⁕ ⁕ ⁕

No niega la señora su relación con el mundo del narco. Ahí nació, ahí creció, ahí conoció la amistad, el amor, ahí se hizo conocida. Reina del Pacífico se le impuso como un seudónimo que rechaza. Ésa es su realidad, pero hay otra, su relación con la sociedad en su conjunto.

Dice:

—Ese mundo [el del narco] me ha traído rabia impotente, sufrimiento.

—¿Qué tiene contra su sobrenombre?

—Fui capturada y los medios me exhibieron con todo su poder. Narcotraficante, peligrosa, es lo menos que han dicho de mí en su gritería. A su vez, el gobierno me ha utilizado para hacerse propaganda, necesitado como está de mostrar cartas de triunfo ante un pueblo que le retira su confianza.

—Usted rechaza a la Reina del Pacífico, pero ha sido Sandra Ávila López, Karla Orozco Lizárraga, Sandra Luz Arroyo Ochoa, Andrea Medina Reyes, María Luisa Ávila Beltrán, Daniela García Chávez. Por seudónimos no ha quedado —le digo.

—Tienen su razón de ser. Un día me quitaron mi pasaporte en Estados Unidos. Para volver a entrar saqué uno nuevo, naturalmente con otro nombre. Ahí quedaría un seudónimo. Era un documento oficial.

"Recién muerto mi esposo, yo tenía una gran desconfianza de mis cuñados. Mis cuñados decían que todo lo de su difunto hermano les pertenecía y bajo amenaza de muerte me exigieron que les diera los coches, las alhajas, las propiedades, todo. Al vigilante de un rancho que tengo en Durango le advirtieron, amenazantes, que no me dejara pasar si yo iba para allá. Supe que el velador del rancho les contestó que la dueña del rancho era yo y que si me presentaba, me franqueaba la entrada. El rancho está en Gómez Palacio, tiene poco más de 100 hectáreas y un casco de hacienda viejo, pero bonito. Era de un señor Corrales, famoso por las carreras parejeras que organizaba. El rancho tiene cercos para puercos y ganado. En épocas de prosperidad llegaron a darse buenas cosechas. Ahora los canales de riego deben estar secos, como la comarca.

"Cuando mi esposo fue asesinado, mis cuñados quisieron despojarme. Él me había dejado casas y ranchos. Uno en Durango, otro en Querétaro, uno más en San Luis Río Colorado. También me había dejado joyas y bienes.

”En ese entonces yo tenía más dolor que miedo pero no interrumpí mi vida y fui a Culiacán para realizar algunos trámites. Mi actitud fue resuelta. En Sinaloa medio mundo me conoce y yo conozco al otro medio. Ahí ha habido compadrazgos, relaciones cerradas, fidelidades bien cumplidas. Quienes quisieron acabar conmigo, quizá pensaron: mejor que ahí se quede todo. Creo que tuvieron razón. Mal les habría ido a mis cuñados y a otros familiares si me hubieran matado. Pero usted me preguntó por mis seudónimos. Yo pensé que los seudónimos me protegían.”

—¿Alguna vez alteró usted su rostro? ¿Se pintó el cabello, por ejemplo?

—No cambié mi cara y una sola vez me pinté el cabello entre amarillo y rojizo. De tan negro que era, bajo el sol brillaba un azul intenso y aun morado. En un libro que usted me regaló (*Carta a mi madre*, de Juan Gelman) se habla del cabello negriazul. Así era el mío. Me gusta largo, me lo acaricio y uso tintura para vencer las canas. El cabello me lo pinté como mínima medida de seguridad en un viaje por carretera de la ciudad de México a Culiacán que realicé acompañada de una prima para pasar las fiestas navideñas con mi familia. Huía de la justicia, consignada por la procuraduría. Ya había dejado los aviones, tan peligrosos en mis circunstancias. Huyendo he pasado cinco años, de 2002 a 2007.

—En tan largo tiempo, ¿se apartó de la vida del narco?

—No puedo negar que a ese mundo pertenezco. Ahí nací, ahí crecí pero también me desarrollé entre personas ajenas al crimen, a la lucha brutal por el poder. La sociedad como tal es compleja y muy amplia.

—¿No lo ha rechazado, así sea un instante, ráfaga de pensamiento que se va?

—No podría hacerlo. El narcotráfico existe y la droga está en todos lados, en el ambiente, en el aire. Son enormes los ríos de dinero que corren por su cuenta y sin ese dinero se extinguirían muchos lugares y padecerían aún más ciudades como Tijuana, Culiacán, Guadalajara. El narco se extiende y su dinero hace posible que pueblos y familias enteras del campo dejen el hambre. Habrá que aceptarlo. La realidad es como es. El narco crea fuentes de trabajo y son miles los que han salido de la desesperación que causa el desempleo por lo que la droga deja.

—¿Qué piensa de la droga?

—Mata el cuerpo, mata el alma. Destruye.

—¿La ha probado?

—No. La gente se vuelve irracional con la droga. Yo le he preguntado a un médico de toda mi confianza acerca de los efectos que causa. Me dijo que la droga destruye las neuronas, mata la inteligencia. La droga fabrica zombis.

—Usted está contra el narco y se reconoce en su mundo. ¿Cómo es eso, señora?

—Estoy contra la muerte que provoca, contra los que se matan y mueren por el negocio. En cuanto al consumo, cada cual es libre para consumir la droga o rechazarla. Se es adicto por voluntad propia. Yo la temo y la evito.

—¿Y los niños inducidos a la droga?

—Sus padres y el gobierno deben cuidarlos. Es su obligación.

—¿Compararía la droga con el esmog, la nube oscura que crece y crece?

—El esmog es otra cosa, no tortura, ni mata a traición. Pero ahí está siempre, eso sí, como la droga.

—¿Es usted partidaria de la legalización de la droga?

—Lo dije con mis palabras, con mis palabras ya le dije lo que pienso. Pero le repito: estoy contra la muerte.

\* \* \*

Con una voz que raspa, dice:

—El día de mi captura, Felipe Calderón se lanzó en mi contra. Olvidó que es presidente y me acusó sin pruebas. Dijo que soy enlace con los cárteles de Colombia. Se creyó la ley. El poder no es para eso.

"En mi caso, sus palabras las sentí como una avalancha que se me venía encima. Llegó a decir que soy una de las delincuentes más peligrosas de América Latina y en su ignorancia me llamó la Reina del Pacífico o del Sur, así, literalmente, una u otra. Cualquiera sabe que la Reina del Sur es un personaje de ficción del escritor Pérez-Reverte y yo de ficción nada tengo, que de carne y hueso soy. En términos parecidos, Felipe Calderón se lanzó contra Juan Diego Espinosa.

"¿Qué derecho le asistía para abusar del poder como lo hizo? Además, poco sabe de esos asuntos. ¿Tiene idea de

45

que a los capos los resguardan decenas, centenares de guar-
daespaldas y que en mi caso no hubo quien me protegiera,
un solo hombre, una sola escolta, siendo, como dijo, una
de las figuras más importantes del narcotráfico en América Latina? ¿Tuvo en cuenta que, peligrosísima como soy,
fui aprehendida en el Vips de San Jerónimo, sin un solo
jaloneo? Calderón me citó con mi nombre y mi nombre lo
infama. Yo siempre podré decir: me marcó. Y él no podrá
negarlo. Con él, el abuso del poder se da con todas las ventajas. Un presidente, nada menos, que condena desde sus
alturas inaccesibles."

—Usted es leyenda y, le guste o no le guste, se le conoce como la Reina del Pacífico. ¿De dónde parte la historia,
un capítulo de su vida?

—Yo era conocida por mi manera de ser, sociable y
amiguera. También por mis parejas. Alternaba con los
hombres y me consentían. El día de mi consignación por
la Procuraduría de la República todo cambió. Mi casa de
Guadalajara fue allanada. También la de mi mamá. Se me
involucró con un barco, denunciado por la DEA, que transportaba droga; y el escritor Arturo Pérez-Reverte tuvo
éxito internacional con *La Reina del Sur*. La heroína de su
libro, Teresa Montoya, es de Culiacán, y yo había vivido en
Culiacán, y soy de Tijuana, pero también soy de Culiacán.
Mi asunto, la captura escandalosa y simple en un Vips, llegó a la procuraduría y se habló de mí. Me cuenta Ricardo
Sodi, mi abogado, que precisamente en la Procu se habló
del seudónimo.

"En 2004 se escuchaba un corrido a la Reina del Pacífico. El corrido se llama 'Fiesta en la Sierra'. Los Tucanes de Tijuana no estuvieron ahí, pero alguien tuvo que contarles, narrarles exactamente cómo fue la fiesta, porque en verdad la letra estuvo muy apegada a lo que ocurrió. Más tarde, para halagarme, algunos amigos me regalaron ese corrido en bonita letra escrita."

—¿Por qué no lo canta? Cántelo, señora.

Su silencio es para ella.

El corrido completo, cantado por Los Tucanes, subraya la convivencia entre narcotraficantes y federales:

Llegaron los invitados a la fiesta de la sierra en helicópteros privados y avionetas particulares. Era fiesta de alto rango… no podían llegar por tierra. Era fiesta de alto rango… no podía llegar cualquiera. Además era por aire, no podían llegar por tierra. Los jefes de la plaza ahí estaban reunidos.

Los jefes de cada plaza ahí estaban reunidos, no podían fallar al brother, era muy grande el motivo. Festejaba su cumpleaños, en su ranchito escondido había gente poderosa del gobierno y fugitivos.

Todo el mundo con pistolas y con su cuerno de chivo, varios francotiradores en el rancho repartidos, protección al festejado, el pesado de la tribu, no hace daño usar sombrero aunque sombra den los pinos.

La fiesta estaba en su punto y la banda retumbaba, ya no esperaban a nadie, todos en la fiesta estaban cuando se escuchó el zumbido y un boludo aterrizaba, el señor les dio la orden de que nadie disparara.

Se baja una bella dama con cuerno y con calvo plagiada, de inmediato el festejado supo de quién se trataba, era la famosa Reina del Pacífico y sus playas, pieza grande del negocio, una dama muy pesada.

De la fiesta, cuenta Sandra Ávila:

—El rancho estaba muy en alto y era muy grande. Había una explanada arreglada para el festejo, el cerro cortado, raspado. No se podía llegar por tierra, ni camino había. Todos llegamos en helicópteros particulares o avionetas de primera. Los aviones, blancos, alineados, se parecían a los estacionamientos de automóviles. A lo lejos, una mancha blanca formaba parte del paisaje. De la explanada, por carro se llegaba al rancho. Iban por nosotros.

—¿Había mucha gente?

—Muchísima.

Sigue:

—A través de un pasillo llegamos a una palapa donde se encontraba mi compadre, Alberto Beltrán, el de la fiesta. Era su cumpleaños. Sin parentela de por medio nos queremos. Luego nos pasaron a un área apartada, lejos de la gente, lejos de la música. Era una palapa donde estaba el hijo del comandante y el Chapo. Había unos pocos más, muy pocos.

—¿Qué comandante?

—Un comandante.

Continúa la señora:

—Yo me quedé platicando con mi amigo, el festejado. Pero insistieron algunos en que me sentara en la mesa del Chapo. Me quedé un ratito. Luego llegó el hijo de mi compadre y me retiré.

"En el expediente se me relaciona con el Chapo. Lo conocí pero no fuimos amigos ni nada que se le parezca. Yo sólo lo miré en esa ocasión y cambié unas cuantas palabras con él. Es un personaje y no olvido el encuentro, pero fue sólo eso, un encuentro."

—¿Qué impresión le produjo el Chapo?

—Serio, observador, casi no habla. Tiene un rostro sereno, es sencillo y amable. Me contaron que me había imaginado bien plantada y con joyas. Tuve muchas, que ya me las confiscaron. Cuando me ponía algunas, eran tres o cuatro.

\* \* \*

Sobre el escote de Sandra Ávila no dejo de admirar una cruz que cuelga de una larga cadena. La cruz mide unos cinco centímetros y llega al inicio de la apertura de los senos. Podría ser una pequeña obra de arte, pienso.

—Mi mamá la heredó de su madre y mi mamá me la regaló la última vez que nos vimos. Yo ya estaba en la fuga. "Que te cuide", me dijo mi mamá entre caricias y sollozos. Aún siento sus ojos en mi cara y sus lágrimas en mis lágrimas. No me la quito nunca.

49

—Es hermosa —subrayo con el deseo de que desprenda la cruz de su cadena y así pueda mirarla detenidamente, sostenida en la mano.

—Se la muestro —me dice sin desprenderse de la cruz.

—Una joya.

—Es de platino y tiene brillantitos.

—¿La arrebatan las joyas, señora?

—No hay mujer a la que no le gusten. A mí me han regalado muchas. Mi esposo, mi marido, mis novios, cuando los tuve, mis amigos, que no he dejado de tener. Y he heredado mucho, muchísimo.

—¿Cuál es la joya que más le atrae?

—Un reloj con diamantes y un zafiro que, de tan sencilla que es la pieza, no la podría describir.

—¿Cómo es? —insisto.

—La transparencia del zafiro parece vidrio, pero a veces esa transparencia se vuelve azul.

—¿Le trae recuerdos?

—Era un día de las madres. Yo me encontraba en Hermosillo y mi esposo me dijo que no me podía festejar, que me fuera a Guadalajara y festejara con mi madre. Así lo hice. Comeríamos en una granja y antes de salir con un pequeño grupo, una de mis hermanas me entregó el estuche con el reloj adentro.

"Cada 10 de mayo agradezco la sorpresa con la que fui halagada. Mi esposo me regaló otro reloj, un 14 de febrero. Lo corona, un diamante de cinco quilates. El día que lo asesinaron yo lo traía puesto. Mi esposo también me regaló un brazalete como no he visto otro que me haya gustado tanto y, al último, unos elefantes de la marca ¿Luider? Es una marca alemana, muy fina, que poco se conoce en México. Sus joyas son raras, como los relojes de 300 mil dólares."

—En el decomiso de sus bienes, la procuraduría enlistó 162 piezas.

—Ciento setenta y nueve —me corrige.

—Me equivoco, claro. Yo he leído el inventario. Y cada joya va acompañada de una pequeña nota que dice cómo es. Algunas descripciones son casi literatura fantástica: un reloj de pulso para dama de oro 18K marca Rolex Oyster Perpetual con 42 diamantitos alrededor del bisel; un par de aretes de oro amarillo de 14K con figura de mujer en perfil, con diamantes y una esmeralda corte rectangular en cada uno; un dije en forma de Tutankamon en oro amarillo de 14K con 228 diamantes, 189 zafiros y 83 rubíes; un anillo de oro blanco de 14K, con figura de cuerpo de víbora, con 18 esmeraldas en la cabeza y 13 rubíes, tres zafiros, dos en los ojos y uno en la cola, más 58 incrustaciones de diamantes en el cuerpo; una pulsera en cadena tipo barbada con dos figuras de elefante en oro amarillo de 18K, con incrustaciones de diamantes, cada elefante con incrustaciones de esmeraldas y zafiros; un par de aretes de oro amarillo de 18K, con pendiente en forma de corazón e incrustaciones de diamantes corte redondo; un dije de oro amarillo de 18K en forma de zapato, con incrustaciones de brillantes.

—No las resisto.

Se me ocurre que en las joyas ve la luna, el cielo estrellado, el sol.

—Me encantan.

La lista completa de joyas aseguradas por la PGR es la siguiente:

1. Cuatro monedas de metal amarillo, de 50 pesos, marcadas con la leyenda 37.5 grs., oro puro 1821-1947.

2. Un reloj de pulso para dama, caja y pulso integrado, al parecer oro, tipo tank de la marca Cartier, con carátula blanca, números romanos y número de serie BB128998.

3. Un reloj de pulso para dama, caja y pulso integrado, al parecer en acero con un metal amarillo, al parecer oro, tipo tank, de la marca Cartier y número de serie 1057917-016026.

4. Un reloj de pulso para caballero, caja en metal blanco, al parecer oro y pulso en piel color café, modelo rectángulo, marca Bulgari y número de serie RTW39GL2489.

5. Una pulsera con eslabones tipo extensible en metal amarillo, al parecer oro, de 14K, con placa adornada con 28 rubíes de 0.01 puntos, corte brillante y 11 baguettes, con un peso total de 85.6 gramos.

6. Tres fragmentos de metal amarillo, al parecer oro.

7. Un reloj de pulso para caballero, caja pulso integrado en oro amarillo, de 41K oro, de la marca Concord, con carátula dorada, movimiento de cuarzo, sin funcionar, posiblemente falto de pila.

8. Un reloj de pulso para dama, en oro de 18K, con figuras de caballero alrededor de la caja y pulso en piel de color

negro, de la marca Carrera, movimiento de cuarzo, sin funcionar.

9. Un reloj de pulso para dama, con carátula de color azul y 45 diamantitos de 0.02 puntos, 30 diamantitos de 0.01 puntos, 12 malaquitas de 0.01, tres malaquitas de 0.02 puntos y dos malaquitas de 0.05 con pulso color azul marca Chopard Geneve, con número de serie 3909914097, movimiento de cuarzo, sin funcionar.

10. Un reloj de pulso para dama, con caja y pulso integrado, con carátula de color verde de la marca Piaget, con 32 diamantitos de 0.02 puntos y cuatro esmeraldas de 0.02 puntos, modelo Depose, funcionando.

11. Un reloj de pulso para dama de carátula blanca y la leyenda Philippe Charriot en el bisel, con pulso de color verde, con número de serie 7007901-012506, movimiento de cuarzo, sin funcionar.

12. Un reloj de pulso para dama de oro 18K, con caja y pulso integrado, marca Rolex Oyster Perpetual Date Just con 42 diamantitos de 0.02 puntos alrededor del bisel, funcionando.

13. Un reloj de pulso para dama en oro de 18K, con caja y pulso integrado, marca Rolex Oyster Perpetual Date, sin funcionar.

14. Un reloj de pulso para dama, movimiento de cuarzo, tipo tank, marca Ebel, carátula color blanco con caja de pulso integrados en acero, modelo Beluga, con número de serie E9057A21.

15. Un reloj de pulso para dama, movimiento de cuarzo de la marca Chopard, modelo Happy Sport con carátula color rosa, figuras de luna y estrellas, número de serie 27/8245-23 y pulso de piel color rosa, cabujón de zafiro, sin funcionar.

16. Un reloj de pulso para dama, con carátula de color blanco nacarado, pulso de piel color negro y caja de cristal con incrustaciones en oro amarillo de 18K, con 18 diamantitos de 0.01 puntos, con número de serie 24790-65-573079, de la marca Forum, movimiento de cuarzo, sin funcionar.

17. Un reloj de pulso para dama, con caja y pulso integrados, con 140 diamantitos de 0.01 puntos distribuidos en pulso y bisel, con figuras en la carátula y la leyenda Admirals Cups, de la marca Forum, funcionando.

18. Un reloj de pulso para dama en oro amarillo de 14K, con carátula color rosa, nacarado con forma de corazón, con caja de pulso y anillo integrados, con un total de 215 diamantitos de 0.01 puntos, de la marca Forum, movimiento de cuarzo, sin funcionar.

19. Un reloj de pulso para caballero, con caja y pulso integrados, carátula color blanco con siete piedras de color blanco en su interior, en acero oro, con cinco cabujones de zafiro, modelo Happy Sport, con número de serie 27/8237-23-371469.8236, funcionando.

20. Un reloj de pulso para caballero, tipo tank, con carátula nacarada y números romanos, con 34 diamantitos de 0.01 puntos, marca Chopard, pulso en piel con tela color negro, con serie 515917, funcionando.

21. Un reloj de pulso para caballero, tipo tank, de la marca Chopard, con carátula color gris y números romanos, con siete diamantitos de 0.05 puntos y cinco cabujones de zafiro, con caja y pulso integrados en acero, serie 27.8349-23 714486.8325.

22. Un reloj de pulso para caballero, tipo tank, de la marca Chopard, con carátula color blanco esfera segundera, con 46 diamantitos de 0.02 puntos, con caja y pulso integrados en acero, serie 41.8415.846549.8357, funcionando.

23. Un reloj de pulso para caballero, con caja y pulso integrados, en acero, con carátula blanca y esferas subsidiarias color gris, con números romanos y siete cabujones de zafiro, modelo Imperiale, marca Chopard, serie 835407.82197, sin funcionar.

24. Un reloj de pulso para caballero con carátula negra y 95 diamantitos de 0.02 puntos, con pulso en piel color negro, broche y caja en oro amarillo de 18K, con figuras de pantera, marca Carrera, serie 226768, funcionando.

25. Un reloj de pulso para caballero, con carátula beige y figuras de colores varios, con la leyenda Admirals Cup, de la marca Forum, con caja y pulso integrados en acero oro con 48 diamantitos de 0.02 puntos, serie 3981228. V052.510225, funcionando.

26. Una hebilla en forma de cabeza de caballo en oro amarillo de 10K, con dos diamantes de 0.05 puntos cada uno, con un peso total de 150 grs., usada, en regular estado.

27. Una hebilla en oro amarillo de 14K, con la leyenda Héctor en relieve con 34 diamantitos de 0.01 puntos y 11 esmeraldas de 0.05 puntos, con un peso total de 72.08 gramos.

28. Una pluma de acero-oro de la marca Cartier, modelo Must de Cartier, serie D-15652, en regular estado.

29. Un par de aretes de oro amarillo de 14K con figura de mujer en perfil, con diamantitos y una esmeralda corte rectangular en cada uno, con un peso total de 15.3 grs., en regular estado.

30. Un par de aretes en oro amarillo de 18K con figuras caladas, peso 8.8 grs. En regular estado.

31. Un dije con forma de letra G en oro amarillo de 14K, con peso de 4.02 gramos.

32. Un dije en forma de cruz en oro amarillo de 8K, peso 0.4 gramos.

33. Una cucharita tipo cocina en metal amarillo, peso 1.7 gramos.

34. Un dije en forma de cruz en oro amarillo de 14K con un peso de 9.2 gramos.

35. Un dije en forma de figura religiosa en oro amarillo de 14K de 23.6 gramos.

36. Un dije en forma de estrella de David en oro amarillo de 18K, con sintéticos blancos y un peso de 3.4 grs., en mal estado.

37. Un dije en forma de cruz en oro amarillo de 14K, peso 26.7 gramos.

38. Un dije en forma de cruz en oro amarillo de 14K, peso 2.4 gramos.

39. Un dije en forma de niño en oro amarillo de 18K, peso 2.6 gramos.

40. Un dije con figura religiosa en oro amarillo de 10K, peso 7.5 gramos.

41. Un dije en forma rectangular con la leyenda Credit Suisse, en oro amarillo de 14K.

42. Un dije en oro amarillo de 14K, en forma de cencerro, con las letras JL, con 17 diamantes de 0.01 puntos y un peso de 25.3 grs., en regular estado.

43. Un dije en forma de llave en oro amarillo de 10K, peso 4.5 gramos.

44. Un dije en forma de llave en oro amarillo de 10K, peso 2.0 gramos.

45. Un dije en metal con una figura religiosa, peso 2.9 gramos.

46. Un dije de oro de 10K, en forma de cruz, con 12 diamantes de 0.01 puntos y 13 esmeraldas de 0.01 puntos, peso 1.7 gramos.

47. Un dije en metal plateado con figura religiosa, peso 2.4 gramos.

48. Un dije en forma de concha marina bañada en oro de 14K, peso 3.7 gramos.

49. Un dije en forma de Tutankamon en oro amarillo de 14K con 228 diamantes de 0.01 puntos, 189 zafiros de 0.01 puntos y 83 rubíes de 0.01 puntos, peso 11 grs., falto de dos en la reasa.

50. Un dije con figura religiosa en oro amarillo de 14K, con 108 diamantes de 0.01 puntos, 59 esmeraldas y seis rubíes de 0.02 puntos, peso 34.05 gramos.

51. Un anillo de oro amarillo de 14K, con figura de sirena, con diamantes sobresaltados y diamantes en el cuerpo del pez, una en el ombligo y otra en la cabeza, de medidas 0.02, 0.06 puntos, haciendo un total de 20, dos esmeraldas en los ojos, una de cada lado, peso total de 32.0 gramos.

52. Un anillo de oro amarillo de 14K, con la figura de cabeza de águila, con un rubí en el pico de 0.015 puntos y dos ágatas en los ojos de 0.01 puntos, una línea de oro blanco, en la cabeza, con nueve diamantes incrustados de 0.20 puntos y un peso de 26.9 gramos.

53. Un anillo de oro blanco de 14K, con figura de cuerpo de víbora. Con 18 esmeraldas de 0.01 puntos en la cabeza y 13 rubíes de menos de 0.01 puntos, tres zafiros de 0.01 puntos, dos en los ojos y uno en la cola de 0.01 puntos, 58 incrustaciones de diamantes de 0.01 puntos en el cuerpo y peso de 8.1 gramos.

54. Un anillo de oro amarillo de 14K, con figura de caballo, peso 15.0 gramos.

55. Un anillo de oro amarillo de 14K en forma de víbora, con ojos de esmeralda de 0.01 puntos y peso de 8.2 gramos.

56. Un anillo chico en oro amarillo de 14K, en forma de ladrillos y una esmeralda en forma cuadrada en el centro de 3.0 puntos, con cuatro diamantes, dos de cada lado de 0.02 puntos y peso de 10 gramos.

57. Un anillo en oro blanco de 14K en forma de flor con 15 diamantes de 3 puntos y 32 lapislázuli de 0.07 puntos, peso 19.9 gramos.

58. Un anillo de oro blanco y amarillo de 14K, cuadro en hechura especial con una piedra ágata de 6 puntos, peso 13.5 gramos.

59. Un anillo en oro blanco y amarillo de 14K en forma de flor con 77 diamantes de 0.05 y 0.03 puntos, peso 10.7 gramos.

60. Una gargantilla de tres oros de 14K, en forma de flor con pétalos, peso 49.2 gramos.

61. Una gargantilla de oro blanco con amarillo de 14K, con ocho rubíes de 0.02 puntos y 11 diamantes de 0.03 puntos, peso 20 gramos.

62. Una cadena de oro amarillo y blanco de 14K, de tipo dorsal de 31.7 gramos.

63. Una cadena de oro amarillo de 14K, de tejido fígaro, peso 15.5 gramos.

64. Una cadena de eslabones redondos, oro amarillo de 14K, peso 67.8 gramos.

65. Una cadena de oro amarillo de 14K, de eslabones cuadrados, peso 16.4 gramos.

66. Una cadena de oro amarillo 14K tejido plano, peso 8.5 gramos.

67. Una cadena de oro amarillo 14K, de tejido fígaro, peso 59.4 gramos.

68. Una gargantilla con 39 perlas blancas imitación.

69. Una gargantilla de cuatro hilos de imitación perlas blancas y broche de fantasía.

70. Una gargantilla de 40 perlas blancas medianas unidas con hilo y broche de oro de 10K.

71. Un hilo con 13 perlas medianas blancas.

72. Una gargantilla de 86 perlas blancas chicas, unidas con hilo y broche de oro de 14K.

73. Un hilo con 63 perlas medianas de color rosa.

74. Una pulsera de tres hilos con 111 perlas blancas chicas.

75. Una gargantilla de cuatro hilos con 489 perlas blancas chicas.

76. Una pulsera de oro amarillo de 14K, con eslabones con cinco colguijes (sol, cruz, herradura, caballo de mar, estrella) y un peso de 22 gramos.

77. Una pulsera de oro amarillo de 18K con placa en medio de ella escritos los nombres Sandra Fidel, en oro blanco, incrustaciones de diamantes de 0.01 puntos y peso de 25 gramos.

78. Un brazalete de oro amarillo de 14K, con cabujones azules y verdes, peso 44.2 gramos.

79. Un brazalete en oro amarillo de 18K, con cinco diamantes de 0.01 puntos, peso 23 gramos.

80. Un brazalete de oro amarillo de 18K con el nombre Sandra escrito en oro blanco con incrustaciones de diamantes de 0.01 puntos, peso 23.8 gramos.

81. Un brazalete de oro amarillo de 14K, en forma de serpiente, con ojos de esmeraldas de 0.01 puntos y 26 diamantes de 0.01 puntos, peso 46.3 gramos.

82. Una pulsera en oro amarillo de 14K, con cuentas circulares verdes, cafés y negras, peso 19 gramos.

83. Una pulsera en oro amarillo de 18K, con cuentas circulares verdes y amarillas, peso 29 gramos.

84. Una pulsera de tres oros de 14K ancha con peso 43.3 gramos.

85. Una pulsera de oro amarillo y rojo de 14K, de eslabones circulares con una estrella colgando y un peso de 23.6 gramos.

86. Una pulsera en oro amarillo de 14K, de eslabones semicirculares, peso 12.6 gramos.

87. Una pulsera en oro amarillo de 14K, en forma de ovales, con 12 esmeraldas, cada una de 0.05 puntos, peso 20 gramos.

88. Una pulsera en oro amarillo de 14K, de bolitas con cuatro delfines colgando y un peso de 19 gramos.

89. Una pulsera en oro amarillo de 14K, con hechura especial, con cinco perlas blancas chicas, peso 19 gramos.

90. Una esclava de oro amarillo de 14K, con una placa en medio y sobre ella escrita la palabra Calderón en letra tipo gótica, con incrustaciones de diamantes y con la marca de 0.01 puntos, peso 195 gramos.

91. Una esclava en oro amarillo de cuatro hilos, de tejido tipo eslabones, con una placa en medio y en ella escritas las iniciales SAF, con marco y letras con incrustaciones de diamantes de 0.01 puntos, peso 169 gramos.

92. Una pulsera en forma de tres flores en oro florentino de 14K, peso 27 gramos.

93. Un reloj de la marca Technomarine, con caja de acero y pulso de plástico, con carátula redonda, sin números, fechador y cronómetros, con aro de diamante de 1 punto, de regular calidad con un peso aproximado de 2K y medio.

94. Un reloj de la marca Rolex, con caja de pulso, oro amarillo de 18K, peso 137 grs., Oyster Perpetual Date, con

carátula azul, con 4K aproximadamente de diamantes de 1 punto en caja y pulso.

95. Un reloj de la marca Cartier, con caja y pulso oro amarillo de 18K, peso 45 grs., carátula color blanco, números romanos en color negro.

96. Un reloj de la marca Carrera, automático, con caja y pulso en oro amarillo de 18K, peso 187 grs., carátula amarilla sin números, con 3K de diamantes de 3 puntos de regular calidad.

97. Un reloj de la marca Corum de oro blanco de 18K, con carátula y pulso de diamantes de 1 punto, 6K aproximadamente. En total, peso 98 gramos.

98. Un reloj de la marca Bertolucci, con caja de oro amarillo de 18K, pulso en piel color café, con herrajes de oro amarillo de 18K, carátula color blanco, números romanos en color negro, 72 grs. de peso, con 75 puntos de quilate.

99. Un reloj de la marca Forum, con bisel en oro amarillo de 18K, pulso y caja en acero en color negro, con carátula azul con diferentes banderines, con 3.5K de diamantes de 1 punto.

100. Una pulsera de oro amarillo de 18K, peso 44 grs., incrustaciones de diamantes de 5 puntos, con peso aproximado de 1.3K y diamantes corte cuadrado de 12 puntos, con peso aproximado de 1K.

101. Una pulsera amarilla de 14K, peso 71 grs., con incrustaciones de diamante corte redondo de 4 puntos, peso total aproximado de 1.8K.

102. Una pulsera de oro amarillo de 14K, peso 38 gramos.

103. Una pulsera en cadena tipo barbada con dos figuras de elefante en oro amarillo de 18K, peso 94 grs., con incrustaciones de diamantes de 2 puntos, peso aproximado de 40 puntos, cada elefante con incrustaciones de esmeraldas de 6 puntos, peso de 30 puntos de quilate y zafiros de 6 puntos, con 30 puntos de quilate.

104. Una pulsera de oro amarillo de 18K, con peso 40 grs., tipo Rolex.

105. Una pulsera de oro amarillo de 18K, con un diamante de 25 puntos con defectos y color, con tres diamantes de 3 puntos, regular calidad, 24 grs. de peso.

106. Una pulsera de oro amarillo de 14K, con incrustaciones de diamantes de 5 puntos, peso total aproximado de 85 puntos de K de regular calidad, con peso 32 gramos.

107. Una pulsera de oro amarillo y blanco de 14K, de eslabones redondos, con peso 17 gramos.

108. Una gargantilla de oro amarillo de 18K, con cinco dijes e incrustaciones de diamantes de 4 puntos, peso total aproximado de 2K, con un peso de 95 gramos.

109. Una gargantilla de oro amarillo y blanco de 14K, eslabones redondos con peso de 38 gramos.

110. Una gargantilla de oro amarillo de 14K, de eslabones y peso 68 grs., con incrustaciones de zafiro de 1.5K y 2K de diamante de 2 puntos.

111. Una gargantilla de 43 cm. de largo, de perlas cultivadas de un buen horizonte de 3 mm., engarzadas en oro amarillo de 18K, con la figura de una mano de metal de

oro amarillo de 18K, con diamantes de 1 punto y peso aproximado de 20 puntos.

112. Una cadena de oro de 18K con un Cristo del mismo material, con incrustaciones de diamantes de 1 punto, con un peso total de 50 puntos, 62 gramos.

113. Una gargantilla de oro de 18K, con incrustaciones de diamante de 1 punto, de un total de 54 puntos, con un peso de 34 gramos.

114. Una cadena con crucifijo de oro amarillo de 14K, peso 40 grs., con incrustaciones de diamante de 1 punto y un diamante de corte cuadrado de 15 puntos, con un peso total de 1K, con incrustaciones de zafiros de 6 puntos, con un peso total de 1.5K.

115. Una pulsera de perlas de 7 mm., con broche de oro de 14K.

116. Una cadena de oro amarillo de 14K, con ocho diamantitos de 1 punto y un dije en forma de una mujer en oro amarillo de 14K, peso de 28 gramos.

117. Una cadena con dije en forma de escarabajo en oro amarillo de 18K, peso 28 grs., con dos zafiros de 1 punto.

118. Una cadena con dije en forma de hombre y mujer, de oro amarillo de 14K, con cuatro diamantitos de corte naveta de 3 puntos cada una y seis esmeraldas de 6 puntos. Peso total de 15 gramos.

119. Una cadena de oro amarillo de 14K, con dos figuras de caballo con un diamante de 1 punto cada uno, peso 10 gramos.

120. Una cadena de oro amarillo de 21K, peso 28 gramos.

121. Una cadena de oro amarillo de 14K, con dije en forma de mujer abrazando una media perla en forma de corazón, peso 13 gramos.

122. Una cadena de oro amarillo de 18K, con dije en forma de niño, con incrustaciones de seis diamantes de 1 punto, peso 10 gramos.

123. Una cadena de oro amarillo de 14K, hechura especial, peso 4 gramos.

124. Una cadena de oro amarillo de 18K, con dije con incrustaciones de diamante de 1 punto, peso 60 gramos.

125. Un dije con forma de elefantito en oro amarillo de 18K, peso 51 grs., con incrustaciones de diamantes de 2 puntos, peso total de medio K, con siete esmeraldas con un peso de 90 puntos de K.

126. Una cadena de oro amarillo de 18K, en hechura especial y peso 7 gramos.

127. Una cadena de oro amarillo de 18K, con incrustaciones de diamantes de 8 puntos, con peso de 1.4K, peso total 8 gramos.

128. Una cadena de oro amarillo de 14K, con un diamante corte brillante, redondo de 20 puntos, con defectos, con color y peso total 3 gramos.

129. Un anillo de oro amarillo con la figura de una pantera, con un diamante corte completo con ligeros defectos de color, peso aproximado de 45 puntos y tres diamantitos de 2 puntos, peso total 12 gramos.

130. Un anillo de oro amarillo de 14K, con un diamante al centro de 5K, con ligeros defectos de color, con incrus-

taciones de diamantes de 3 puntos, peso aproximado de 85 puntos de K, peso total 8 gramos.

131. Un anillo de oro amarillo de 14K, con un diamante al centro de 5K, con ligeros defectos y color, con dos incrustaciones de diamante en corte triangular de 40 puntos cada uno, peso total 5 gramos.

132. Un anillo para dama en oro blanco de 14K, con un diamante corte naveta de aproximado de 3K, con color, con defectos y peso total de 4 gramos.

133. Un anillo para dama en oro blanco de 18K, con un diamante de 4.5K con color, ligeros defectos e incrustaciones de diamantes corte redondo y baguette, peso aproximado de 2K, peso total 16 gramos.

134. Un anillo de oro amarillo de 18K, peso 7 grs., con figuras de caballos.

135. Un anillo de oro amarillo y blanco de 18K, peso total 30 grs., con un diamante de 1K, corte cuadrado, ligeros defectos de color.

136. Un anillo de oro amarillo de 14K, con la figura de un jaguar, con incrustaciones de diamante de 1 punto, peso 10 puntos, peso total 9 gramos.

137. Un anillo de oro amarillo de 14K, con tres incrustaciones: una alejandrina, un topacio y una aguamarina, peso 12 gramos.

138. Un anillo de oro amarillo de 18K, con incrustaciones de diamantes tipo baguette, peso de 1.3K, peso total 5 gramos.

139. Un anillo de oro amarillo de 18K, con tres incrustaciones de diamantes de 10 puntos cada uno, peso total 9 gramos.

140. Un anillo en oro blanco de 18K, con incrustaciones de diamantes de 1 punto, peso aproximado de 50 puntos, con una esmeralda amorfa, peso total 14 gramos.

141. Un anillo de oro amarillo de 18K, con incrustaciones de diamantes de 5 puntos con peso de 1K, con un zafiro, una esmeralda y un rubí, peso total 20 gramos.

142. Un anillo de oro amarillo de 18K, con una incrustación de esmeralda corte cabujón, peso total 7 gramos.

143. Un anillo de oro amarillo de 14K, con incrustaciones de diamantes de 3 puntos, peso aproximado de 1K, peso total 9 gramos.

144. Un anillo de oro amarillo de 18K, con incrustaciones de diamantes de 2 puntos, peso 1K, falto de uno, peso total 18 gramos.

145. Un anillo en oro blanco de 18K, con un diamante al centro de 1K, peso 6 gramos.

146. Un anillo de oro amarillo de 18K, con un diamante al centro de 1K y seis incrustaciones de diamante corte cuadrado de 10 puntos cada uno, peso 13 gramos.

147. Un anillo en oro blanco de 18K, con un diamante en forma de corazón de 5 puntos, peso de 14 gramos.

148. Un anillo de oro amarillo de 18K, con un zafiro al centro de 1K, peso 9 gramos.

149. Una pulsera de oro blanco de 18K, con incrustaciones de diamante corte baguette, peso 8K y peso total 29 gramos.

150. Una cadena de oro blanco de 14K, hechura especial, peso 6 gramos.

151. Una pulsera de oro blanco de 14K, con incrustaciones de diamante de 3 puntos, peso de 1K, falta de uno, peso 9 gramos.

152. Una cruz de oro blanco de 14K, con un diamante al centro de 40 puntos, con defectos de color e incrustaciones de diamantes de 2 puntos con peso de 2.5K y peso total de 12 gramos.

153. Una cadena de oro blanco de 18K, hechura especial y peso 20 gramos.

154. Una cadena con cruz de oro blanco de 18K, con incrustaciones de diamantes de 2 puntos de 1K de peso y peso total de 11 gramos.

155. Un par de aretes de oro blanco de 18K, peso de 9 gramos.

156. Un par de aretes de oro blanco de 14K, con incrustaciones de diamante de 1K cada uno, peso de 6 gramos.

157. Un anillo en oro blanco de 18K, con una aguamarina e incrustaciones de diamantes de 2 puntos de 1K, peso total de 18 gramos.

158. Un par de aretes de oro blanco de 14K, con incrustaciones de diamantes de 2 puntos, de 70 puntos cada uno, peso total 9 gramos.

159. Un par de broqueles de oro blanco de 18K, con un diamante redondo corte moderno, con ligeros defectos de color, 1K cada uno, peso total 4 gramos.

160. Un dije en forma de corazón de oro blanco de 18K, con cuatro diamantes de 1 punto y peso de 7 gramos.

161. Un broche de oro blanco de 18K, con dos esferitas y una cruz, con un diamante de 3 puntos, peso total de 2 gramos.

162. Un par de arracadas de oro amarillo de 18K, con incrustaciones de diamantes de 1 punto, con peso 15 puntos de K cada arete y peso total 41 gramos.

163. Una arracada de oro amarillo de 18K y 8 grs. de peso.

164. Un par de arracadas de oro amarillo de 18K, peso 8 grs., una lisa y la otra con figura de sirena.

165. Un par de aretes de oro amarillo de 18K, con cinco diamantes de 2 puntos, con tres piedras: amatistas y topacios, cada arete con un peso de 20 gramos.

166. Un par de aretes de oro amarillo de 18K, con pendiente en forma de corazón e incrustaciones de diamantes de 2 puntos, peso de 70 puntos cada arete, peso total de 24 gramos.

167. Un par de aretes de oro amarillo de 18K, con pendiente en forma de corazón e incrustaciones de diamantes corte redondo, peso de 1.8K cada arete, platinos con un peso total de 9 gramos.

168. Un par de aretes de oro amarillo de 18K, en forma de mujer con un diamante cada uno de 2 puntos, peso de 9 gramos.

169. Un dije de oro amarillo de 18K, con un diamante de 15 puntos e incrustaciones de diamantes de 23 puntos y peso total de 29 gramos.

170. Un dije de oro amarillo de 14K, con un topacio en forma de corazón, con diamantes de 1 punto, peso total 9 gramos.

171. Un dije de oro amarillo de 18K, en forma de zapato, con incrustaciones de brillantes de 15 puntos, peso 10 gramos.

172. Un broche de oro amarillo de 18K, peso total aproximado de 7 gramos.

173. Un dije de oro amarillo de 18K, en forma de esfera, con incrustaciones de siete diamantes de 1 punto, peso 20 gramos.

174. Una moneda conmemorativa de Sinaloa en oro amarillo de 21K, peso 42 gramos.

175. Una esmeralda de 2K de regular calidad y de buen color y una esmeralda de 8 puntos, corte naveta.

176. Un bolígrafo marca Mont Blanc de plata y carey.

177. Unos anteojos color café claro cuadrados.

178. Tres eslabones de reloj, siendo cuatro pedazos y ocho diamantes de 1 punto, peso total 8 gramos.

179. Pedacería de oro blanco y amarillo de 18K.

Seguimos con la fiesta en Culiacán, en la que estuvo el Chapo. Sandra Ávila no ha terminado de contar la historia.

—¿Había gente del gobierno en el baile, la música, las conversaciones? —pregunto.

—Sí y no lo digo sólo yo, lo dice el corrido con todas sus letras: "… había gente del gobierno y fugitivos". A todo esto, el director de Los Tucanes es el compadre de Quintero, un amigo. Otra prima, tengo muchas, un día le preguntó a Quintero de dónde habían sacado el corrido y él dice que una persona que estuvo en la fiesta contó todo, y muy bien. Y eso que los federales estaban aparte, ahí en la palapa, pero lejos de la gente, lejos de la música.

"A las 5 nos regresamos. Habíamos llegado a las 3. Temíamos que nos agarrara la noche."

—¿Le gustan los corridos?

—Me gustan mucho algunos de banda sinaloense. Los bailo.

—Mucho taconeo, mucho estrépito.

—No se trata de eso. La música es muy alegre, pero la letra puede ser muy triste. Los corridos narran hechos reales, a veces trágicos y dan tristeza, otras veces hablan de recuerdos y transmiten nostalgia si conociste a los protagonistas.

—¿Cantan los corridos historias de veras?

—Hay de todo. Hay quienes pagan para que les hagan corridos. Hay uno de Amado Carrillo donde hablan de que los gringos no lo pudieron agarrar.

—Como a Pancho Villa.

—Como Pancho Villa. Porque el Señor de los Cielos tenía muchos aviones, y al final se va en uno de ellos y a ver si lo encuentran. El corrido da a entender que está vivo y si no lo está, muerto no se le ha hallado.

—¿Alguna letra la hiere?

—La del corrido del doctor Fonseca, que no era doctor pero así le decían. Se había casado en Guadalajara con una muchacha de Culiacán, que de Culiacán era él también. Fueron juntos a un restaurante y cuando salieron a la calle, unos policías los quisieron parar. Ellos se resistieron y los mataron. Mataron también al Pollo, un jovencito amigo de la esposa. No escapó una hermana del doctor. Le entraron 15 balas en el cuerpo. Aún vive.

"El corrido que le voy a contar está pensado en la esposa del doctor, Dorita, y dice así: 'Su esposa era Dorita, no tiren que vienen damas y con aquella voz suplicante acabó la metralleta'."

Le digo:

—Yo conocí al doctor Fonseca en la cárcel de máxima seguridad de Almoloya.

—Se confunde. Usted habló con Don Neto. Don Neto y el Doctor Fonseca fueron medios hermanos. Por cierto, leí en su libro [*Máxima seguridad*], el consejo que Don Neto le da a su hija Ofelia, ambos sentenciados.

—No recuerdo, señora.

—Le dice Don Neto a Ofelia: "Piensa que no existe más que esto. Tú no conoces nada más y si no conoces, no puedes extrañar".

—¿Le ha sido útil el consejo?

—Yo no puedo olvidar a mi hijo, a mi mamá, a las personas que amo. Pero si sólo pienso en ellos, me vuelvo loca. Trato de pensar que ahora sólo tengo la cárcel, mi espantosa realidad. Quiero volver a la vida que me han quitado.

\* \* \*

Rigoberto Campos Salcido no tenía más historia que su detención en una cárcel de Tijuana y un parentesco remoto. Nacido en Cosalá, Sinaloa, fue primo del Cochiloco, necrófilo.

El Cochiloco, Manuel Salcido Uzeta, era gatillero de tiempo completo. De piel muy blanca, hubiera sido la elegancia misma de no haber sido por un balazo que le dio en la pierna derecha y lo dejó rengo para el resto de su vida.

Al Cochiloco también se lo conocía como el Gallo de San Juan, por la comunidad donde había nacido. Su biografía se resume en una palabra, verbo activo: matar.

Sandra Ávila, extrovertida, amiguera, conoció a Campos Salcido como a tantos otros. Ella tenía 15 años y volvió a encontrarlo pasados los 20.

Cuenta:

—Yo me había visto con Rafa [Caro Quintero] para entregarle ropa fina que me había encargado para él y sus compañeros de trabajo y juerga. Estuve en Los Ángeles con un muchacho que me ayudaba en todo. A Rafa le entregué zapatos, botas, chamarras, suéteres, camisas, pantalones, hasta lociones.

"De buen humor, mi amigo me pidió que fuéramos al hotel Palacio para presentarme a un viejo conocido. '¿Quién es?', le pregunté. 'Ya lo verás.'

"Llegamos al hotel y yo saludé sin saber a quién saludaba. 'Buenas noches', dije. El conocido de mi amigo se veía a gusto, repantingado en un sillón. De pie, educado, la malicia de una sonrisa en los ojos, me preguntó: '¿No me reconoces?' 'La verdad, no.' 'Mírame bien. Soy Rigo.'

"Yo lo recordaba flaco y ahora lo observaba embarnecido, fuerte. En la suite donde nos habíamos reunido, iba y venía gente armada. '¿Qué hacen aquí?', pregunté, discreta la voz. Él respondió, en tono alto: 'Ahora debes saber quién soy, Sandra. Soy el jefe de la Interpol en Tijuana'.

"Frente a mi sorpresa, un 'cómo' en la boca abierta, la explicación cayó por sí misma. Era amigo de Miguel Aldana, en esa época director de la Interpol a nivel nacional."

Acerca del encuentro con Rigo, la historia sigue:

—Circulaban entonces las primeras videocaseteras, de ésas de cartucho grueso. '¿Quieres una? —me preguntó Rigo—, yo tengo muchas, para el jefe.' 'Dame varias, ¿no?', le dije. Después Rigo me enseñó unas Uzis y armas del Ejército de Estados Unidos. 'Llévate ésta', me dijo. 'No, para qué la quiero.' 'Llévatela.' 'No, Rigo. Mejor me encargas pasteles de Estados Unidos que me gustan mucho y me los envías a Guadalajara, a casa de mi mamá. Yo te diría dónde los venden.' Me daba gusto en todo. Cuando le informaban que estaba por llegar a Tijuana, tenía un carro para mí y todo lo que pudiera ocurrírseme.

"Dejó Tijuana y se fue a Hermosillo. Luego estuvo entre las dos ciudades. Me decía que le iba muy bien, no sé si económicamente, no sé si trabajando, no sé si con la ley o contra la ley, no sé.

"Sigue la vida, pero de otra manera. Matan a mi esposo y unos meses después, Rigo me dice que quiere ayudarme en lo que sea. Yo entiendo, agradezco el gesto, pero una sombra me había caído. Después matan a Armando López. Después, ya no quisiera decir después, pero después me entero que Rigo quedó sin brazos. Unos dicen que los perdió trabajando en su rancho, en Mexicali; otros, que llegó la gente hasta él y se los cortaron.

"Lo quiero ver y le envío un mensaje con una persona de su confianza. Él me dice que no, que no me quiere ver, que no quiere ver a nadie, que quiere que lo maten."

* * *

—Yo no oculto mi vida. Digo lo que soy. Pero el gobierno sí la oculta. Dice lo que no soy. Todavía le sirvo para su propaganda. La Reina del Pacífico, personaje a lo Pérez-Reverte, en una cárcel mexicana, nada menos. Un gol, como diría Felipe Calderón, expresión que lastima, frívola en la dolorosa realidad cotidiana. La tragedia, la lista de muertos que crece todos los días, no es asunto del futbol. Pero mi imagen pública se irá gastando hasta agotarse. El gobierno no podrá probar que soy delincuente porque no lo soy. Entonces enfrentará su propia disyuntiva: la cárcel, la infamia que no podrá ocultar o mi libertad.

—He leído que en ningún sitio se piensa más en la libertad como en la cárcel. Encerrada, ¿qué piensa usted de la libertad?

—Pienso más en la injusticia que en la libertad.

—Pero ¿qué piensa de la libertad?

—La pienso como un sueño, amar con alegría y saberme dueña de mis decisiones. En la cárcel la palabra "no" está prohibida. Aquí sólo cuenta el "sí", "sí", "sí". Libre, gritaría "no" todos los días.

* * *

—Usted tiene amigos y familiares entre los capos, personajes de inmenso poder, como Ismael, el Mayo Zambada.

—No lo niego ni me avergüenzo.

—¿Puede escapar a su influencia?

—Me hacen narcotraficante, entre otras supuestas pruebas, por mi relación con el Mayo Zambada, pero mi único encuentro con Zambada fue ocasional y ocurrió el día en que mi esposo y yo bautizamos a nuestro hijo.

"Mi esposo, José Luis Fuentes, después metido en las rondas de capos con militares, de militares con capos, de capos con judiciales y militares, invitó a Zambada a la celebración. Zambada fue a la fiesta hogareña y lo recibimos con mucho gusto. Pero eso fue cuando tenía veintitantos años y vivía como cualquiera. No era rico, no era capo, no figuraba en las noticias. El bautizo es una ceremonia y nos tomamos fotos. Yo aparezco con Zambada, a quien nunca volví a ver. Zambada y mi esposo tuvieron relación, pero fue entre ellos. Yo no vivía en el vientre de mi esposo. Era su mujer."

—¿Qué opinión le merece Zambada?

—Ni buena ni mala. Apenas lo conocí. Por ello no puedo emitir opinión alguna acerca de él.

—¿No se reserva algún juicio moral sobre los narcotraficantes?

—Son personas como cualquiera, no lo peor, como dice la prensa. Algunos ayudan en sus pueblos, son bondadosos y humildes y se preocupan por los pobres. Yo querría que no se mataran entre sí, que no se mataran con los soldados, que no arrastraran a la desgracia a tantos hombres, mujeres y niños. Pero no han llegado hasta donde han llegado porque sí. Han llegado por la fuerza de la droga en su mercado enorme, por la corrupción de los gobiernos priístas y panistas, por la miseria de millones de mexicanos. Muchos trabajan para el narco. Muertos de hambre, sin empleo, solos con su hambre, ¿qué van a hacer sino acudir a donde hay trabajo y dinero?

\* \* \*

La conversación deriva en el Chapo Guzmán, el más antiguo de los capos.

La historia es pública y Sandra Ávila la recuerda en imágenes cinematográficas:

—Se fugó de Puente Grande como quien deja su casa para dar una vuelta por el parque. La corrupción había penetrado los muros de la cárcel, pero es imposible que no hubiera llegado más arriba la información acerca de la podredumbre en el penal.

—¿Por qué dice esto último?

—Era un secreto a voces. Usted escribió en su libro que el narco desquició el penal y tuvo al terrorismo como su única ley. ¿Podría el gobierno ignorar todo esto?

Sandra Ávila sigue en el tema:

—Al Chapo lo buscan por el mundo. ¿Quién lo soltó? El gobierno. Yo vi al Chapo en una fiesta. ¿Cuántos más no lo habrán visto en otros lugares, en otras fiestas? El Chapo es de Sinaloa, y a los sinaloenses nos gusta la música, el baile. Protegido, cauteloso, no tengo duda, el Chapo se deja ver.

Por la noche, en mi casa, volví sobre los párrafos de *Máxima seguridad* que dan cuenta de la fuga del Chapo Guzmán. A Zulema Hernández, la amante del Chapo en Puente Grande, debo la reconstrucción del pasaje inaudito:

Evadió la cárcel sin un percance, un error, un titubeo. A su paso, una a una se fueron abriendo 16 puertas, los videos permanecieron oscuros, los rottweilers estuvieron tranquilos y no hubo contratiempos en la garita, levantadas las barras que abren y cierran el paso a propios y extraños.

No hay manera de entender la fuga sin algún personaje de voz inapelable que actuó a su favor. El operativo había sido limpio, impecable como una maniobra militar.

De nuevo con Sandra Ávila:

—Usted, señora, ha tenido relación con algunos capos.

—Conocí a Pancho Arellano cuando tenía 10 años, en Tijuana. Fue el día en que mi papá inauguró sus ferreterías y hubo fiesta. De esto ya le hablé. Después encontré a Pancho en Guadalajara, yo más grande y él ya mayor. El gobierno lo capturó y extraditó a Estados Unidos. Regresó a México. No sé más.

"También conocí a Ramón, su hermano. Dejé de verlo mucho tiempo y un día un señor me saludó amablemente. '¿No sabes quién soy?', me preguntó. 'No.' 'Soy Ramón.' '¿Eres Ramón, Ramón Arellano? ¿Qué te hiciste?' 'Me operaron en Brasil.' A Ramón lo matarían en Mazatlán. Lo conocí y me sorprendió la perfección de la cirugía.

—¿Por qué lo mataron?

Sandra Ávila se expresa sin azoro:

—Pienso que nunca se va a saber. En la sociedad de la que hablamos corren las historias de los deudos y las de sus enemigos. Son historias que se contraponen, cargadas de matices. Correspondería al gobierno investigar e informar de lo que ocurre. Pero de esa información carecemos. En el gobierno también corren rumores, versiones, contradicciones. No sabemos.

Trató, más que a ninguno de los hermanos, a Pancho. Cuenta:

—Le gustaban mucho las motos, las lanchas, le gustaba ir a los gallos. Ahí era donde más nos encontrábamos. A veces pasaba a mi casa y me decía: 'Ven, te doy una vuelta'. Tenía motos muy bonitas. Nunca lo vi armado ni con gente armada. Yo lo veía más bien como a un júnior, como un muchacho bien al que le gustaba gastar en los gallos, divertirse en la playa con sus lanchas, cambiar de moto, lucirse con las muchachas.

—¿Apostaba fuerte?

—Nunca supe cuánto, pero supongo que era mucho. Yo me lo encontraba acompañado, nos saludábamos, platicábamos, él por su lado, yo por el mío. A veces nos juntábamos entre pelea y pelea. Siempre andaba enjoyado, muy bien vestido, con las motos más bonitas que yo haya visto. También tenía carros y una disco en Mazatlán.

"Pancho y Ramón tuvieron un hermano, Benjamín, el mayor. De él, nada sé."

—¿Conoció a Juan José Esparragosa Moreno, el Azul?

—Yo lo oí mencionar porque era compadre de un tío mío. ¿Verlo? Apenas lo veía. Se escuchaba que tenía mucha fama y salía en los periódicos. En el medio se decía que era hombre pacífico. Yo no busco a estas personas para conocerlas. La vida, circunstancial como es, te va llevando a ellas sin querer, sin saber cómo podrían ser con el tiempo.

—¿Y qué me dice de Nacho Coronel?

—Lo conocí por mi esposo. Se llevaban.

\* \* \*

Hay un tono de ficción en esta historia mínima, que ahora cuento. La escribí en un impulso, un mero arranque para apartarme del mundo insensato del que voy sabiendo a través de un testigo singular. Me sabía sensible a los asesinatos gestados en la oscuridad del odio, irreprimible la sed de venganza.

La historia, que arreglé a mi modo, discurría así:

No necesitaban amigos. ¿Para qué?, si crecieron juntos y antes de que cada uno reconociera a su madre, ya se sonreían. Las fotos los mostraban uno al lado del otro, aun en las fiestas grandes, las concurridas. Uno se llamó Ismael López y era de Culiacán. El otro, José Fernández, vivía en Tijuana. Murieron el mismo día y fueron velados en la misma ciudad pero en diferentes funerarias. Ismael había

sucumbido por las balas y José falleció poco después. Tras-
tornado, a una velocidad enloquecida estrelló su automóvil
contra otro vehículo.

Sandra Ávila se presentó en las dos capillas, en sus labios
las palabras sencillas del pésame. En una capilla, la de Ismael,
no se podía dar un paso al frente, compacta, maciza la mul-
titud. Las coronas cubrían las paredes y había millares de
flores blancas. Presidía el Güero Palma, el capo. En la otra
capilla, dos mujeres silenciosas se miraban y miraban al fére-
tro. Las unía un toque de irrealidad.

Discurrió así la historia, la que me contó Sandra Ávila,
central el dato biográfico:

—Me atengo a la gente y tenía muchos amigos. Me dolía
cuando se enfrentaban entre sí o a través de cárteles irre-
conciliables. Las disputas se daban lo mismo para zanjar
rencillas que para hacerse de una mujer esencial. Yo sabía
que tendría que cuidarme para evitar que pudiera pensarse
que pertenecía a un cártel, el que fuera. Los cotos de poder
llegan a las disputas extremas. Yo vivía resuelta: a ningún
lado me inclinaría.

"Pero en ese mundo había dos niños que se querían,
Ismael López y José Fernández. Jugaban todo el día y hay
fotos en las que se les ve con sendos palos y una piñata sobre
sus cabezas. López era hijo de un amigo de mi papá, y Fernández, hijo de un compadre de mi papá.

"Una Navidad, en Culiacán, López y Fernández se saludan y conversan, tranquilos. Se han querido en los mejores
años, los de los juegos y la irresponsabilidad inocente. Se

dicen que no tienen por qué pelear, que es mucho lo que la vida les ha dado. Pero en eso, matan a un hermano de Fernández y corre la voz hecha pólvora.

"López está en paz y en paz come elotes que le venden unos niños momentáneamente dueños de una esquina céntrica. Es tarde y Fernández les dice que se vayan a descansar. Las criaturas le dicen que no, que aún les queda mercancía. 'Yo pongo la feria', se ofrece López. Dispuestos a irse cada uno por su lado, desde un auto siniestro una ráfaga mata a tres niños, a Fernández y a un policía que pasaba por ahí y que a la casualidad le debió la muerte.

"Las palabras de testigos volaron con la historia y en cuanto José Fernández la conoció, huyó de todo sin saber que también huía de la vida. A una velocidad enloquecida, estrelló su auto contra un carro.

"Yo fui a las dos capillas funerarias. Me dio miedo, pero tenía que cumplir con un deber de amistad. En la capilla de López no había manera de dar un paso. Las coronas cubrían las paredes y las flores se contaban por centenares. Hubo misa y el Güero Palma, ahora en un reclusorio de máxima seguridad, presidió el duelo.

"En la capilla de Fernández no había ni coronas ni flores. Las bancas y las sillas permanecieron vacías. Sólo dos mujeres, de rodillas, rezaban con la cabeza inclinada y un rosario entre los dedos. Había un toque de irrealidad en la escena. Con ellas, yo también recé. De Tijuana llegaron sólo dos mujeres."

Sandra Ávila agregó un comentario:

—Es triste perder tantos amigos, pero así se dan las cosas. Uno no busca las experiencias dolorosas. A uno se le imponen. Ese día tuve miedo. Pensé que no faltaría quien me "identificara" con alguno de los cárteles. El odio, en el narco, no indaga. Siempre tiene prisa.

\* \* \*

En el narco, la venganza es llaga que apela a la muerte. Fue el caso de Rodrigo Flores. Él cayó primero por una venganza. Lo que siguió fue a cuenta del odio que fue terminando con la familia.

Sandra Ávila da cuenta de sucesos que no han salido, ni podrían salir de su memoria:

—Rodrigo, joven soltero, tenía viejas rencillas con los Santoyo, pues enamoró a Laura, cercanísima a ellos, como si fuera de la familia. Se hicieron novios, pero no prosperó el amor, aunque la pasión quedó. Rodrigo Flores miró a otra mujer y la condujo al matrimonio.

"Ya casado, se propuso volver de costado con Laura. Ella se negó. Los hermanos Santoyo se encresparon y la tormenta cobró forma. Rodrigo Flores desoyó a la razón y secuestró a Laura.

"Uno de los Santoyo me decía que la familia agraviada recurrió a los tribunales. Fue inútil. En el mundo narco la justicia hay que buscarla como a un malhechor que se esconde. Entonces los hermanos se enfrentaron al plagiario y le exigieron a Laura. Finalmente se arreglaron y Rodrigo Flores devolvió a la muchacha. Después ocurrió lo que tenía que ocurrir. La muerte que tarda, pero llega. Manuel Santoyo, en una fiesta en Tijuana, mata a Rodrigo Flores. Esto ocurrió en enero del 89.

"Manuel Santoyo mata a Rodrigo, después mata al hermano, y al año, al papá. Al otro año mata al otro hermano. Rodrigo tuvo fama de enamorado y se decía por ahí que se cobraron su muerte."

—¿Rodrigo Flores era narco? —interrumpo.

—Narco.

—¿Ligado al Chapo Guzmán?

—Su compadre.

—¿Qué más, señora? —inquiero con los ojos.

—A los sinaloenses nos reúnen las fiestas. Así son, así somos, como cantaría un corrido. En los lugares chicos y grandes nos saludamos, platicamos, bailamos. Yo así he conocido a mucha gente, a narcos y no narcos, a narcos y a los infiltrados, a narcos y autoridades cómplices, a los guaruras de uno y de otro bandos, a médicos, abogados, ingenieros, profesores, mucha gente que vive en orden.

—También conocí a Amado Carrillo, el Señor de los Cielos. Lo conocí cuando no tenía nada. Empezó sin riqueza ni poder, pero de su tiempo de pobre se rehizo largamente.

"Supe de Amado Carrillo en la pobreza. Habitaba una casa humilde cerca de Guadalajara. En casa de una amiga nos reuníamos muchos sinaloenses y fue de este modo como lo conocimos a él, creció mucho. Después sabría de él, ya personaje. Su vida, ¿su muerte?, terminaron en el misterio.

"Amado Carrillo dejó su pueblo y viajó a Guadalajara. Ahí vivió con una señora. Tuvo con ella dos hijos. Luego se casó. Sonia se llamó su esposa y con ella vivió hasta el final. Un problema con un Fonseca lo sacó de Guadalajara. Oí decir que la riña había sido violenta, en la frontera con la sangre.

"Se fue a Chihuahua y la distancia entre nosotros se hizo tiempo. Fueron años sin saber de él. Un día tuve noticias. Se había hecho rico entre los grandes. Al principio no lo podía creer. Lo había conocido sin carro y apenas con unos muebles viejos en su casa de Guadalajara. Pero la verdad es como es. Amado Carrillo se había transformado y era ya el Señor de los Cielos."

—¿Por qué el Señor de los Cielos? He oído decir que fue el primero en transportar droga por aire.

—Es una historia que corre.

\* \* \*

—En la sociedad narca la riqueza como que brota —continúa Sandra Ávila—, un día eres pobre y al siguiente millonario. Pero cómo se hace el dinero sólo lo saben los que lo hacen. Tú no los escuchas a propósito ni averiguas qué tan serias podrían ser las relaciones entre ellos. Pero sí adviertes que de pronto lucen brillantes y piedras preciosas, mujeres de alto vuelo, que compran residencias que habitan y abandonan casi el mismo día, que se hacen dueños de edificios u hospitales, como en Guadalajara, o un hotel, como en Mazatlán, lleno de flores. Yo no sé cómo se arreglan con las autoridades, pero se arreglan. Un día cambian de estilo y se vuelven echadores. Te enteras de reuniones discretas, cerca del misterio, pero no más. Vas sabiendo sin saber que vas sabiendo. Y un día sabes. ¿Cómo es eso? No sé. Pero sé que es así.

—Dice usted que no sabe con detalle y a profundidad de qué manera operan los narcos. ¿No tuvo alguna vez la tentación de saber?

—Cuando sabes de más te arriesgas a que te maten, por eso, porque sabes de más. También te arriesgas si te quieres meter a saber. Te puedes dar cuenta de muchas cosas, pero no debes ni comentarlas, ni decirlas, ni preguntar.

—El que está adentro, está adentro —digo y aludo a la expresión sentenciosa: el que entra no sale y si sale, ya sabe.

—El que está adentro está adentro. Yo no le temo a la vida que he vivido y por eso la hago pública. La cuento y la puedo contar. Nunca he estado adentro.

"El gobierno me relaciona con los capos, como si yo fuera uno de ellos. Pero yo los conocí cuando eran personas comunes y corrientes, las de todos los días. Pertenecíamos a una misma sociedad y no podíamos dejar de tratarnos y saber unos de los otros. Al gobierno le bastó con indicios e informaciones imprecisas para armar su rompecabezas y señalarme como un enlace entre los cárteles, mujer peligrosísima, además. Mi captura tuvo lugar cuando yo estaba agotada por años de persecución. Supe que vendría la cárcel, la pérdida del control de mi propia vida y quién sabe cuántas cosas más, pero finalmente sentí que descansaba."

Habla de recuerdos y estados de ánimo:

—La vida son los amores, la conversación, los sentimientos, los trastornos, los malos días, los buenos. Parte de mi vida ha transcurrido en una sociedad narca. Yo no la inventé. Este gobierno y los anteriores, tampoco, pero su corrupción ha dado fuego al fuego de la droga.

*　*　*

—Asesinado su esposo por los marineros de Ensenada, ¿cómo vive su vida, viuda en condiciones dramáticas?

—Luego de que lo matan viajé por Europa. Fui con mi mamá, mis hermanos, amigos y primos. Éramos 13 personas. Estuvimos en París, en Roma. Veía ropa, veía zapatos y pensaba en él. De nuevo en México, me quedé en Guadalajara.

"En ese tiempo conocí al que sería mi marido, Rodolfo López Amavizca. Le digo marido porque el esposo cumple con todas las leyes y al marido le falta el matrimonio. Quiere casarse conmigo, pero su mujer le niega el divorcio. Entonces me pone casa en Hermosillo y vivo con él cinco años."

—¿Fue un tiempo claro?

—Como pareja fui dichosa. A la vida tenía mucho que agradecerle. Mi hijo, mi mamá, mi familia, mis amigos, compadres, tenía muchas relaciones que me gustaban.

A Sandra Ávila le vienen nombres y situaciones a la cabeza. Habla y habla. Hay en ella rabia y desahogo. Va diciendo, diciendo, que ha tenido mucho dinero, pero qué tanto es mucho. Sí, tuvo mucho, sobre todo ranchos, casas, joyas, pero ¿qué tanto es mucho si se compara con las fortunas de los personajes que figuran entre los hombres más ricos del mundo, como Carlos Slim? ¿Qué tanto es mucho si se compara con Raúl Salinas de Gortari, protegido por el entonces presidente de la República, su hermano? ¿Qué tanto sería mucho si pudiéramos llegar a la riqueza del matrimonio Fox, ella que se cambiaba de vestido varias veces al día y combinaba su ropa con joyas que le venían a su atuendo? ¿Cuántas joyas no tendrá? Le regalaban personas, instituciones, empresarios, fundaciones, secretarios, gobernadores, presidentes. Insaciable, los modos de su conducta exigían más y más.

—A usted y a su marido les encantaban los purasangre y les gustaban las fiestas. En una visión recogida de su existencia yo diría que cabalgaban de día y bailaban de noche.

Sonríe:

—Mi marido no era así: cabalgábamos hasta ocho horas a campo traviesa, es cierto. Pero a él no le gustaban las fiestas. Era más bien cerrado, solitario. Era distinto.

—¿Cómo lo conoció?

—Lo conocí cuando era militar, de carro a carro. La persona con la que yo viajaba, me dijo: "Trabaja con nosotros". Coincidimos en varias reuniones y nos fuimos acercando. Rodolfo se hizo agente de la PGR y tuvo problemas con el oficial mayor. De la AFI se fue al Instituto Nacional del Combate a las Drogas.

"Tenía conflictos y los conflictos o se resuelven a tiempo o terminan mal. Él los enfrentaba y yo trataba de apartarlos de nuestra casa. Mi marido hablaba con mucha gente, con todos, autoridades, narcos, militares, el mundo múltiple hecho uno. Yo nada averiguaba y nada preguntaba. Pero escuchaba.

"Mi marido tuvo una empresa de tráilers. Yo sabía qué transportaban, pero no conocía los pormenores del negocio. He querido ser responsable de mí. Me hubiera gustado que no hiciera muchas cosas. Le decía que nos fuéramos, que deseaba vivir tranquila. 'Vamos a donde nadie nos conozca —le pedí muchas veces— y donde te guste pones tu empresa'."

—¿Por qué siguió su marido un tiempo en la PGR?

—Pienso en la dinámica del trabajo. Él cumplía y le fastidiaba que no le pagaran. Deseaba otra vida. Pero los compromisos se iban renovando. No le gustaba la ostentación. Tenía una Cherokee y los carros de lujo eran para mí. Yo tenía un Mercedes, un BMW, un Intrepid, un Áltima, una Lobo, un Trans Am, un Audi, un Máxima. Tenía de todo. "¿Para qué?", me dije y le dije muchas veces.

Vuelvo a una pregunta, de las que no sueltan:

—Una vez dentro, ¿hay manera de salirse?

La respuesta llega:

—Depende. Si empiezas solo, te sales cuando quieres. Pero cuando tienes plaza, ya no es tan fácil.

Vuelvo por donde veníamos:

—¿Y los tráilers de su marido?

—Me prometía uno, el mejor, para pasearme. Sus tráilers transportaban plátano de Tabasco a Ensenada. Me contaba muchas historias de traileros, del homosexualismo entre ellos. A cada rato los sorprendían en las cabinas. En la PGR no resistió. Harto hasta quebrársele la paciencia, se apartó de la PGR. Al ingresar a la AFI había dejado su empresa, pero volvió a ella. En Estados Unidos buscaba la tecnología más avanzada para adaptarla a sus tráilers. Le gustaban sus camiones y transportar sin complicaciones. Los quería perfectos.

—¿Por qué una tecnología tan sofisticada, que así la imagino?

—No me decía.

—¿Dejó compromisos en la PGR, en la AFI?

—No lo creo. Era muy estudioso, callado, astuto. Leía tres o cuatro periódicos y tenía información. No bebía y no cayó en la droga. Su único vicio era el cigarro. Se pensaba ermitaño, pero se acomodaba conmigo. Hablaba de historia, de política. Me contaba de soldados que cazaban guerrilleros.

"Lo más sucio, pensaba mi marido, estaba en el gobierno. Sus hombres y algunas mujeres ya hasta arriba, se quedaban con mucho, que todo nadie lo tiene. Marta Sahagún, por ejemplo, pertenece a esa especie: sin fortuna en la mañana y ya rica en la noche. Roban como quieren y detrás de tanto robo y tanta corrupción se ocultan la venganza, la traición, la muerte, como en el caso de Colosio. También me contaba mi marido de los narcos que torturaban, sádicos hasta el descuartizamiento de sus víctimas. Pero la mala carga del gobierno siempre estaba ahí."

Algo recuerda Sandra Ávila que su sonrisa se extiende por sus labios pintados de un rojo no muy rojo. Le pregunto qué la entretiene:

—Pienso en mi marido. Un día me dijo, en la burla, que la impunidad debiera incorporarse al texto de la Constitución. La impunidad, práctica común de tantos, podría figurar con honor entre los artículos más socorridos de nuestras leyes. En otro tono comentaba y tenía por cierto que el gobierno no podría tener éxito contra el narcotráfico, porque a esa guerra llega con las manos sucias. Si hay que ofrendar el cuerpo, decía, el cuerpo debe estar aseado.

\* \* \*

Vuelve Sandra Ávila a su vida. Habla con rabia y desahogo:

—La última vez que mi marido y yo estuvimos juntos fue en un hospital privado, en Hermosillo. Le habían operado un grano muy desarrollado, cerca del recto. El grano se había infectado y amenazaba gangrena. Me enteré y tomé un vuelo de Guadalajara a Hermosillo.

—Creo recordar que usted vivía en Hermosillo.

—Sí, pero iba y venía. También tenía casa en Guadalajara, porque mi hijo nunca se quiso ir a vivir a Hermosillo. Yo pasaba 15 días en un lado, otra semana en otro lado. En vacaciones me llevaba a mi hijo para Hermosillo. Acomodaba mi tiempo como podía.

"Cuando llegué al hospital todavía tenían a mi marido en el quirófano. Salió de emergencias y pasó un par de días en un cuarto de recuperación. Lo dieron de alta. Nos fuimos para la casa y cuando pasó el efecto de la anestesia, ya no aguantó el dolor. Ardía en fiebre y se golpeaba, desesperado. Eso fue en la madrugada. 'Llévame al hospital, me siento muy mal, no puedo más.' Casi lloraba, pero no lloraba. Era un tipo alto, fuerte, de carácter.

"Me lo llevé de vuelta al hospital, lo internaron, lo anestesiaron para quitarle el dolor. Le propuse llevarlo a Houston para que allá fuera tratado. Se negó. Como era domingo, no encontramos al médico, que andaba de fin de semana. A las 11 de la noche llegó por fin y sin verlo diagnosticó gangrena. Propuso otra intervención para las 7 de la mañana. Yo había hablado con el médico antes de los cuidados emergentes. Me había dicho: 'Señora: está lleno de gangrena, dejaron pasar mucho tiempo. El pronóstico es incierto'.

"Cada mañana por los siguientes ocho días lo metieron al quirófano para raspar la infección. El domingo 14 de febrero del 99, el doctor lo dejó ir a casa para continuar su recuperación. 'Llévese una enfermera que lo esté atendiendo.' Había quedado abierto desde el recto hasta el pene. La herida tenía que ir cicatrizando sola, el tejido nuevo tenía que brotar, no lo podían cerrar.

"Mi marido le habló a una persona de todas sus confianzas y le dijo: 'Mañana vas a la Chevrolet y me traes un carro nuevo de la agencia'. Su cuarto estaba en un tercer piso y desde su cama se miraba el estacionamiento. Le pidió a esta persona: 'Me lo estacionas ahí mero, lo quiero ver desde aquí para cuando llegue el doctor y pueda decirle que es su regalo por salvarme la vida'. Estaba muy contento.

"Mi hermana vendía joyería. Rodolfo la llamó también para pedirle que le consiguiera un regalo para mí porque él no podía salir a comprarlo. Ella le trajo un maletín de joyas de marca. Mi marido escogió unos aretes y un brazalete de elefantes. Cuando llegué al hospital me dio los

regalos envueltos y me dice: 'Negra, tú mereces todo. Eres
una reina'. El brazalete le había costado 13 mil dólares y los
aretes otro tanto. Baratijas, las llamaba él, pensando que yo
lo merecía todo. En el hospital pasamos juntos ese domingo 14 de febrero.

"Cerca de las 12 nos despedimos de él mi hermana y
yo. Fuimos al estacionamiento para subir a mi carro e ir
directo a casa. A punto de arrancar vimos dos camionetas
con gente adentro. Pensé en regresar, pero me dije en esas
soledades tan de uno: si regreso, mi marido me va a decir:
'¿Otra vez con las paranoias?' Continuamente me llamaba
la atención. 'No te preocupes, no te alteres.' Yo le decía:
'Es que veo esto, veo aquello'. 'Todo está bien. No tengo
enemigos, se acabaron.' Y otra vez lo mismo: los presentimientos, las paranoias que él decía. Entonces, definiti-
vamente, resolvemos irnos. Ya en mi casa me dispongo a
dormir. Como a las 3 de la mañana me marcan y me comu-
nican que lo habían matado. '¿Quién?', ahogué la voz en el
teléfono, ya llorando. La respuesta llegó lejos: 'Un coman-
do armado'.

"Me regresé al hospital y ya lo encuentro lleno de policías,
de judiciales, toda la zona acordonada. A mi marido le dieron
una puñalada en el corazón. Había un muchacho que siempre
dormía sentado en una silla al lado de su cama, cuidándolo, y
dos personas más, un hermano de él y otro en la antesala. Los
cuatro estaban dormidos cuando entran tres encapuchados,
otros tres se quedaron abajo sometiendo al personal hospi-
talario, encañonándolos para que no avisaran.

"De los tres que subieron, dos se quedaron en la puerta y uno entra a la recámara. Con un cuchillo atravesó el corazón de Rodolfo. Los otros le dispararon al guardia que murió en defensa de mi marido. Los jóvenes que estaban en la antesala sólo se tiraron al piso, no se pararon para nada."

—¿Salvaron la vida?

—Sí. Esos son los que contaron todo. Huyeron los asesinos en un Marquis viejo.

—¿Por la descripción del coche podría inferir quién fue?

—Sí. Le estoy platicando todo eso porque si un día me llegara a pasar algo quisiera que se supiera la verdad de tantas cosas que me han ocurrido y tantas que me han colgado.

Una tensión nerviosa se deja sentir en la sala de juntas del reclusorio. Ante el silencio lloroso de Sandra Ávila, aguardo sin palabras. Ella me dice, seca la voz, secas las palabras:

—Después empiezan a decir que fui yo.

—¿Que usted lo mató, a su marido?

—Que yo lo maté.

No acierto con la pregunta que debiera seguir a su frase. No hace falta. Ella continúa:

—Rodolfo me dejó casas y bienes. Sus hermanos y algunos cómplices divulgaron que yo me había quedado con 10 millones de dólares que él había dejado a otra gente y eso no lo podían tolerar. Si yo me hubiera apropiado de ese dinero, desaparezco y regreso cuando las aguas hubieran descendido de nivel. No me escondí. No huí. No tenía por qué hacerlo.

"Tres años después sufrí también el secuestro de mi hijo. Después mataron a mi hermano. Me llegan rumores y versiones que apuntan a un hombre cuyo odio siento en los huesos. No tengo pruebas, pero sí certezas que me guardo."

—Me dijo usted que había sufrido un atentado. ¿Cómo ocurrió?

—Días después del asesinato de mi esposo, el comandante Luis Fuentes, fui a Culiacán para arreglar los papeles de una casa, pagar impuestos y cubrir otros trámites. Había llegado en un carro de mi propiedad y unas amigas me lo pidieron para ir al panteón, en el aniversario luctuoso de un familiar. A la salida del panteón el carro fue balaceado y una niña recibió 13 impactos. A media distancia, la confundieron conmigo.

—Un hecho tan brutal y concreto me parece que abre la posibilidad de la sospecha. ¿Sería el caso, señora?

—Yo sospeché de los hermanos del comandante José Luis Fuentes. Desde su muerte me exigían todo lo que yo poseía legítimamente.

—¿Quién la iba a matar, señora?

—Ya le dije, hay odios que me persiguen. Son odios que se fueron haciendo poco a poco sin que al final de cuentas se sepa cómo se hicieron. Usted sabe, usted es periodista. El nombre y el apellido concretos tienen un peso enorme para la gente. Y no voy a pronunciarlos.

—Regresemos a Hermosillo, señora. Usted viaja para allá, entre otros motivos, para ver lo de las joyas.

—Sí, porque nos había quedado el problema: el mismo día del asesinato, mi marido había comprado las alhajas. Como nosotras nos fuimos del hospital ya en la noche, tarde, él nos recomendó que las dejáramos. El lote de joyas importaba 500 mil dólares. "Mañana temprano se las llevan cuñadita —le dice a mi hermana—, mejor mañana. Aquí qué les va a pasar, yo te las cuido." "Bueno", dijo mi hermana, y deja las alhajas en el clóset del cuarto de hospital. Habrá problema para sacar esas alhajas y recuperarlas, pensé. Se las pueden robar.

"La muerte de Rodolfo me agobiaba y en esa tensión tendría que esforzarme para ayudar a mi hermana con lo de las alhajas. Necesitábamos empezar a conseguir facturas. Mi hermana traía una relación precisa de todas y cada una de ellas. Yo me vine con esa relación al D. F. porque la distribuidora de la joyería estaba en la avenida Insurgentes.

"Antes de que mi marido cayera enfermo, me había confiado: 'A Carlos le di tanto para los contenedores que se iban a comprar en Estados Unidos'. Con Carlos estaba formando una compañía de contenedores para cruzar las mercancías al otro lado. Querían obtener un contrato con maquiladoras. También estaba poniendo una planta de agua purificada. Rodolfo me contó dos o tres cosas más y me había dicho una vez: 'Si a mí me llega a pasar algo tú te vas con Carlos'. También me expresó en otra ocasión: 'Tú estás asegurada por el resto de tu vida, a ti nunca te va a hacer falta nada. Si algo me pasa, pues te vas con Carlos. Él tiene todo lo mío. Y si algo le pasara a él, yo igual le entrego lo suyo a su señora'.

"Al morir mi marido yo me voy con ese mentado Carlos, de Nogales. Y le digo: 'Me dijo Rodolfo que si algo le pasaba viniera contigo'. A lo que él contesta: 'Pues no sé por qué te diría eso o para qué'. Me regresé para mi casa. Yo andaba mal emocionalmente. Mi hermano me aconsejó: 'No, dile todo lo que mi compadre te dijo, todo'. Y vuelvo: 'Mira, Carlos: te dio tanto para lo de la embotelladora de agua, tanto para los contenedores que iban para Estados Unidos. Compró una casa en tal lado, que me llevó a verla. Todo me lo dijo antes de morir'. Al ver que yo lo sabía todo, me lleva a Nogales. Vamos a una casa y saca un paquetillo de dinero. 'Es todo lo que había, porque al hospital le llevé tanto y ya se había acabado el dinero.' Cuarenta mil dólares, sólo 40 mil. Me hablaba de millones y quedaban miles. Me dijo, de la planta de agua te doy tanto. De los contenedores, tanto. Además, me tengo que quedar con algo porque yo también he perdido. Me dijo: 'Pues si quieres lo tomas y si no, ni modo'.

"Luego me enteré de que Carlos había ido a ver al señor que me persigue con su odio. Le contó que yo le reclamé los bienes de mi marido. Después el mismo Carlos me confesó que él le dijo: 'Si les da problemas, mátenla'.

"Después me enteré de que el señor dice que mi marido tenía 10 millones de dólares que no le entregó, que ese dinero lo tenía yo. Y no era cierto. Calumnias sobre calumnias."

—¿Y usted qué hace?

—No se podía hablar con él. Si querías aclarar algo, te cerraba la puerta.

—¿Teme usted alguna venganza?

—Le temo a la calumnia y a sus consecuencias, la muerte y por ahí más desgracias.

—¿Y lo de la maleta enterrada?

—Nunca supe quién se quedó con ella. En eso mi papá fallece, yo me voy para Culiacán y ya no averiguo más. Mi papá atendió principalmente sus cosas. Tenía un rancho ganadero, propiedades y era muy trabajador.

—¿Cuántos años tenía su padre al morir?

—Sesenta y siete.

Oscilan los estados de ánimo en la cárcel. Siempre al acecho la depresión, el síndrome por excelencia del encierro.

Dice la señora:

—Soy derecha y no tienen por qué tenerme aquí.

Luego:

—No hay dinero que valga mi tranquilidad.

Le digo:

—No siempre se llevan la buena conciencia y la tranquilidad. La buena conciencia es cuestión de uno. La tranquilidad está sujeta a muchos.

✻ ✻ ✻

Escuchando a la señora me he ido haciendo una idea acerca de la sociedad narca: es expansiva y su dinero está por todos lados. Adentro son las intrigas, los chismes, las perversas acusaciones infantiles, los amores, los desamores, las pasiones que surgen porque sí y se apagan porque sí. También están ahí las lealtades a costa de la vida y los compromisos juramentados que duran poco o son para siempre. Junto a todo esto, las grandes fiestas, los grandes carros, las mansiones sólo unos días ocupadas, o ni eso, las señoras, siempre las señoras y la adrenalina, el riesgo que da luz fantasmagórica al presente. Y si la vida es como es, corta, no importa gran cosa el porvenir y no hay para qué hacerse de planes. En el narco importa el día a día. En cuanto a los capos, se miden por el tiempo que operan. Ellos son distintos. Tienen que vivir prendidos a la hora que viven. Y si van haciendo tiempo, se van volviendo poderosos.

—La sociedad narca es dura, cruel y en su propio espacio es una sociedad en sí misma. No hay código que valga en la disputa por el poder. Tampoco hay leyes que resuelvan las disputas y no se ve autoridad que pudiera imponerse al caos que va y viene, siempre presente y haciéndose sentir.

Refiere Sandra Ávila:

—Usted me contó que un sacerdote tabasqueño le dijo que las personas que informan acerca de la pobreza son turistas de esa realidad oscura, que la pobreza sólo la conocen los que la viven. Así con el narco. Muchos hablan de su origen, su significado, la profundidad de la tragedia, los muertos uno a uno o en racimo. Pero a la sociedad narca la conocemos los que estamos ahí. Yo no soy turista en el mundo del narco, mujer marginal de su intensa complejidad. He estado ahí y no tendría sentido que negara la realidad. Pero eso no me hace delincuente. No he matado, no he robado, no pertenezco al crimen organizado, no he lavado nada. Nací rica, rica vine al mundo y no puedo regresar al vientre de mi madre y nacer distinta.

—¿Qué mantiene sus lazos con la sociedad narca?

99

—Tengo lazos con la sociedad narca, pero en ella no está mi mundo completo. Yo pertenezco a la sociedad en su conjunto, tengo relaciones con todos y con la sociedad narca también, lazos que no tendría por qué ocultar.

Sandra Ávila cae en un silencio. Ahí están el café y las galletas para disimularlo.

—A usted la señalan y le han dicho Reina del Pacífico. ¿Qué es de su intimidad, señora?

—Adentro de mí hay mucho dolor.

\* \* \*

—En 2004 viajé de Guadalajara a Reynosa convocada por Juan Carlos Villalobos, ex comandante de la federal, como mi difunto esposo, también comandante. Juan Carlos, a quien había conocido en Tijuana, me dice que me quiere ayudar. Por esos días se celebraba una boda en Reynosa y como me gustan las fiestas, asistí como acompañante de José, un amigo de Sinaloa. Él fue quien me presentó a Joel Landín, que sería tan importante en mi vida. Todo iba bien hasta que matan al sobrino de don Alejandro, amigo de Juan Carlos. A mí, porque les dio la gana, me culparon por esa muerte.

"Es perverso y absurdo. Me inculpan por nada, por sinaloense. Quedé aterrada. A todos les expliqué el motivo de mi visita, sencillo, sin un dato oscuro. En circunstancias tan adversas apareció Joel, se dio cuenta de mi situación y me ofreció su protección. Joel me preservó contra las calumnias. Una sola vez nos habíamos visto y ya estaba para lo que me hiciera falta.

"Finalmente mis acusadores me dejaron en paz y Joel me trae de vuelta para Guadalajara. En el camino me habla del gusto que en él despertaba, asociado a su respeto por mi modo de ser. Nos hicimos uno. Él se fue a Colima, que allá tenía casa, y yo permanecí en Guadalajara. Muere Poncho, mi hermano, el asesinato me traspasa y Joel se encarga de mí. Vivo su consuelo, me acompaña con un psiquiatra y como el agua que corre porque tiene que correr, nos hacemos novios."

—¿Cómo era y qué tanto caló en su vida?

—Independiente, por sobre todo. Estuvo detenido en Estados Unidos por contrabandear fayuca y marihuana. No era opulento. Se ganaba la vida como tantos. Nada espectacular, nada sobresaliente. Cuando salió de la prisión siguió trabajando en lo de la fayuca y luego se va para Reynosa. Se fue allá, porque ahí vivió desde muy joven.

"Joel vivió en Tamaulipas y eso no implicaba que formara parte de organización alguna en el Estado. Joel fue víctima de la maldad que nace de la perversidad, del lado que quiera vérsele. Fue asesinado a partir de un infundio, moneda corriente en el mundo narco. Dijeron que Joel pertenecía al cártel de Tamaulipas. Palabras falsas y mal dichas determinaron su muerte. Joel no pertenecía a organización narca alguna, pero se decía, se decía. Así, se decía. La calumnia mata."

No sé si los ojos de Sandra Ávila se agrandan o hacen pequeños. Me parece que no miran, me parece que duermen.

Dice, cercana y distante:

—Vivo entre dos fuegos. El gobierno que me sacrifica a su política y el narcotráfico que me destruye con la muerte de personas que son mi vida, yo misma.

"Joel conocía a Osiel por una de sus tías, que lo quería mucho. Pero nunca tuvieron mayor relación. Cuando Osiel se hizo capo de Tamaulipas, Joel no formó parte del grupo. Tampoco se contó entre sus adversarios. Al salir de la cárcel se quedó viviendo en Reynosa y ahí se mantuvo como uno de tantos."

Siguen en los labios de Sandra Ávila algunos apuntes sobre Joel:

—José Caro le presentó a unos amigos. Joel conocía de cruces y todo eso, y ellos le pidieron que les cruzara una mercancía. Joel aceptó por amistad, sin darle importancia al hecho de que a alguien debían quitarle el trabajo para dárselo a él. Y ahí se echó Joel un problema encima. La venganza. Luego aparece la sombra de la muerte. Así es esto. Hasta hubo apuestas de que Joel no pasaba de 2004. Él no quería problemas, pero hasta hubo grabaciones, que conoció Joel, donde la gente de Jesús Quintero hacía apuestas de que no pasaba de ese año.

"Por ese tiempo, días cargados, en Matamoros ejecutaron a Jesús Quintero junto con otras siete personas. Todo se debió a dichos e inconformidades por dominios de poder. No se puede hacer eso, pero se hace. Hay códigos, y como hay códigos, hay violaciones a los códigos. Otro sobrino de Jesús aseguró que quien puso a Jesús había sido Joel.

"En este medio se mata por lo que sea. Pero que alguien cruce alguna mercancía por Sinaloa no quiere decir que sea Arellano, de su bando, pero no importa. La intriga se arma. Hay miles de palabras que se mezclan, amenazadoras. Hay información por todos lados y no se sabe si ésta es cierta o incierta o sólo la soltaron para confundirte.

"En medio de enredos y complicaciones, mi novio y yo nos fuimos para Guadalajara un martes en la noche. Nos cuidábamos. A la mañana siguiente dejamos el departamento en que nos habíamos alojado. Circulábamos por avenida México cuando se nos cierra un coche. Se baja el copiloto y quiere abrirnos la portezuela. Se lo impide la cercanía de su propio vehículo con el nuestro. Le miro una pistola en la mano. Joel se echa en reversa, pero teníamos otro carro atrás. Nos dispararon de frente. Yo me tiré al suelo. Allí se quedó mi bolso."

—¿Los detuvieron?

—Se fueron por Joel primero. No supe que lo habían herido en la camioneta, porque los impactos fueron muchos. Yo le gritaba que nos iban a matar y no me contestaba. Caían vidrios. Me llené de pánico y de cortadas. Pensé en mi mamá. Eso me dio impulso para abrir la puerta y salir corriendo. No vi salir a Joel. Me escondí detrás del carrito de una vendedora de fruta. Me bloqueé y no miraba más. La señora del carrito me gritó que corriera. Reaccioné. Me escondí detrás de un auto junto con una pareja que también se protegía del tiroteo. Desde ahí pude ver que Joel salió por la portezuela del conductor, daba la vuelta a la camioneta, atravesaba la avenida de tres carriles y ya no llegó a la banqueta.

—¿Lo vio caer?

—No vi nada. Esa pareja de la que le hablé me jaló a los departamentos adyacentes. El conserje abrió la puerta y nos metimos. Nos refugiamos detrás de unas plantas y desde ahí pude ver al matón con una pistola, buscándome. Se escucharon patrullas y él salió corriendo. Lo detuvieron. Pedí ayuda al conserje. Me tranquiliza. Me informa de la detención del pistolero y de la muerte de mi novio.

"Llegaron los policías, trajeron perros rastreadores, recorrieron todo el perímetro. Creí que me iban a denunciar. Una señora del edificio me intercambia su ropa: unas chanclas viejas por mis zapatillas, un suéter roto por uno elegantísimo, mi reloj por una cachucha. Disfrazada, la señora me sacó del edificio. De su brazo pasamos a un lado de los policías, patrullas en cada puerta."

—¿Cómo se llama el que mató a Joel?

—Le dicen Leo.

Sigue:

—La señora me llevó hasta un sitio y me dio 50 pesos para el taxi. Me quedé en casa de una amiga. Encendí la tele. Unas personas que entrevistaron decían que yo iba sola, otras que había una pareja. Luego en el periódico se publicó que el muerto iba con una mujer, presuntamente la Reina del Pacífico. Pero no se le dio mayor difusión a este dato, a pesar de que estaban mis credenciales dentro del bolso que dejé abandonado en la camioneta.

"Até cabos: la persona que nos atacó era el socio de otro sicario quien, a su vez, era empleado de un amigo mío, también amigo de Joel. Era un muchacho joven, de Culiacán. Después nos mandaron decir que no eran responsables del atentado. Todos se deslindaron. No sólo eso. Culparon a otras personas y de esta manera crearon confusión. 'Yo no fui. Fue otro.' Lo de siempre: la evasión de la propia culpa a costa de quien sea. Luego se comentó de mi atentado en una reunión en Sinaloa y se dijo que Joel y yo pertenecíamos a la banda de Los Zetas.

"Con una acusación sin comprobar, en el mundo del narco se puede dictar sentencia de muerte a cualquiera."

(Según autoridades jaliscienses, Joel Landín Alcaraz tenía una deuda pendiente con el cártel de la droga por 80 mil dólares, razón por la que lo mandaron matar. Para el asesinato fue contratado un sicario por 15 mil dólares. Landín era vecino del municipio de Pihuamo, transitaba por la avenida México de la capital tapatía, cuando fue interceptado por un vehículo Sentra, del que los dos ocupantes, piloto y copiloto, lo agredieron a balazos; trató de huir pero fue alcanzado y muerto. Los agresores huyeron pero la policía capturó a Leo López Pérez, quien confirmó el ajuste de cuentas provocado por Landín, quien no pagó un cargamento de droga que recibió para vender en Estados Unidos. De su acompañante en el momento de la ejecución, dijo desconocer el nombre. López Pérez tendrá que responder ante la ley de los delitos que resulten. Todo sucedió el 11 de agosto de 2006.)

Sandra Ávila cierra su relato:

—En uno de los carros abandonados por los sicarios se encuentra un celular y esta grabación: "Pareja, pareja, apoya a Leo, que va tras la vieja".

\* \* \*

—No me repondré del secuestro de mi hijo. Personas a mi servicio conectadas con el exterior participaron en el crimen. Fueron 18 días, 18. No tocaron a mi hijo, pero las consecuencias fueron las de un shock. Era un jovencito, casi un niño. Lo escucho, su voz dentro de mí. Su padre había sido asesinado y a mi marido lo quería como a un segundo padre. Me decía que ya no quería un tercer papá. Yo apenas lo pude acompañar, perseguida por la PGR, oculta cinco años.

"En los medios se afirma que el motivo del secuestro fue por dinero que yo debía a los dueños de un barco. Una vil mentira, pues yo nada debía, porque de ese barco nada era mío. Pero los medios de comunicación te difaman y la opinión pública te condena.

"No sé por qué me lo secuestraron. Muchas veces lo hacen por venganza o por dinero, pero yo no le debía nada a nadie. El muchacho tenía 14 años y parecía de 12. Era menudito, chiquito, parecía que no iba a crecer. El día del secuestro yo estaba en la ciudad de México. Al enterarme fui inmediatamente al aeropuerto, pero ya no encontré vuelo a Guadalajara. Mi mamá estaba en Veracruz, se vino conmigo. Tomamos un coche y viajamos sin descanso.

"El secuestro fue a las 6 de la tarde. A la medianoche, los plagiarios pidieron 5 millones de dólares por la vida de mi hijo. Dijeron que no era nada personal, que sólo se trataba de un negocio. Y si de dinero se trataba, yo podía conseguirlo y volver a tener a mi niño.

"Llegamos a Guadalajara a las 6 de la mañana. Mis familiares ya habían dado el parte a las autoridades. La casa había sido tomada por la policía. Había mucha gente, un tumulto; la calle estaba llena de patrullas, un policía y un agente hacían guardia en el interior de la casa. Cuando entramos, sonaba el teléfono. Inexplicablemente sabían que acabábamos de llegar. El teléfono y la llave en la cerradura de la puerta fueron simultáneos.

"El policía que supuestamente cuidaba me daba miedo. Detrás de una puerta escuché conversaciones sospechosas. Yo tenía mis propios aparatos de intercepción, como los de los policías pero muchísimo mejores y les iba informando desde dónde llamaban los plagiarios. Así me di cuenta de que el policía traidor, desde la casa avisaba a los secuestradores. Ese señor estaba implicado, pero yo no podría precisar si actuó por iniciativa propia o a instancias de terceros, pagado.

"Durante los 18 días del secuestro, siempre tuve noticias. Personas que me visitaban me hacían saber que estaban enteradas del lugar en el que se encontraba el niño y sabían también de la identidad de sus captores."

—¿Cómo recuperó a su hijo?

—Después de las negociaciones, brutales en sí mismas, el rescate se pactó en 1 millón y medio de dólares. Mi hermano se ocupó de eso. Nos despedimos, llorando los dos. Él hablaba, yo ni hablar podía. Por medio del celular siguió las instrucciones en un coche. La carretera a Chapala fue el punto de partida. Para culminar con la operación, mi hermano viajó en un Neón blanco, los dólares en la cajuela.

"Continuó por el rumbo del aeropuerto y tropezó con una desviación a la primera brecha, antes de llegar a un rancho. Mi hermano no quiso entrar al rancho. Temía una trampa. En el pánico se bajó del auto y corriendo cruzó la carretera hasta llegar a un retén militar.

"Mi hermano abandonó el dinero en el carro ya terminando el día, noche horrible como ninguna otra. Las horas sin noticias son el infierno. A las 6 de la mañana sonó el teléfono. Era la unión con la vida, como una respiración. Mi hijo estaba con su abuela, mi madre. Había llegado en un taxi.

"Encontré a mi hijo en una de las recámaras. Lo abracé. Estaba greñudo, mal vestido, olía muy feo. No lloraba, no se quejaba, no decía nada. Yo lloraba, toda alegría.

"Mi hijo nos contó que cuando se lo llevaron no lo habían golpeado. Seis personas armadas lo levantaron. Un sujeto que lo vigilaba en las noches, al que llamaban el Viejo, le dijo al niño que había conocido a su papá y lo había estimado. Nunca le quitaron la venda y mi hijo nunca intentó verlos. Yo habría rezado para que no los viera por esas historias que se cuentan: el que ve, pierde la vida.

"Cuando ocurren secuestros de figuras públicas, los medios de comunicación informan hasta el detalle y se conduelen de la desgracia, que debiera ser de todos. Fueron los casos del secuestro del hijo de Vicente Fernández, de las hermanas de Thalía, de Rubén Omar Romano, los medios se conmovieron y abominaron los crímenes. En el de mi hijo apenas hicieron caso, como si lo mereciéramos, inmensamente lejos de los sufrimientos que desquician a familias enteras. Los medios son para la sociedad que les paga."

Concluye la señora:

—El comandante antisecuestros de Guadalajara fue quien mandó al policía a espiar a nuestra casa. Las noticias acerca de la complicidad de las autoridades se repetían con los días. Era la rutina, el modo de vivir, una espiral que confunde a policías y delincuentes. Los policías protegen a los delincuentes o actúan como ellos, incluidas las recompensas.

—Un modo de vivir —se dice.

\* \* \*

Sandra Ávila se va muy atrás, a nuestro primer encuentro, entrado febrero de 2008:

—De usted nada sabía. Me dijeron que era honrado y había escrito sobre las cárceles, las comunes y corrientes y las de máxima seguridad. Desconfiaba de usted como usted de mí. Es así, ¿no?

—Yo temía que se inventara.

—... y yo que sólo buscara una entrevista escandalosa para el gran público. Pero, mire, me impresionó *Máxima seguridad*. Hay ahí un relato de un hombre gordo y muy fuerte, alto hasta alcanzar 1 metro 93 centímetros, sin zapatos a su medida. Usted cuenta que lloró y usted le dijo que así lo iba a escribir y él le dijo que no le importaba.

En los largos trazos de la relación con Sandra Ávila me quedó claro, otra vez, que no hay biografía completa ni existe quien pudiera dar cuenta de sus últimos secretos.

Sandra Ávila se mira las manos, las uñas apenas con barniz antes de expresarse así:

—Pienso que, en mi condición, golpeada por el gobierno y por el narcotráfico, habría parecido natural que pidiera ayuda a amigos míos en el mundo en que he vivido y por el que se me acusa. Pero las amistades, si se vuelven incondicionales, se pierden. He defendido mi independencia como he podido. Las consecuencias se han hecho sentir: sin pertenencia a cártel alguno, no hay uno que dé la cara por mí. Así, es fácil decir que pertenezco a Los Zetas o a los cárteles de Guadalajara, Sinaloa, Tijuana, el que sea. Descontada mi familia, que es grande, podría decir que soy sola.

"Hay datos que me hacen fuerte en lo que digo. El día que un narco cae en prisión, su cártel le pone abogados, compra un departamento para el día que recupere la libertad, protege a su familia de todo a todo y toda la vida, permanece atento a cualquier demanda de ayuda que pudiera provenir de la prisión.

"Cuando ingresé en la cárcel, recibí un trato discriminatorio. Fui obligada a dormir en el suelo cuando había una litera disponible a mi alcance, escandalosamente vacía. Padecí doble encierro: la estancia y la prohibición de caminar por las áreas permitidas en el penal. Permanecí en el peor sitio: el cruce de las internas que entran y salen, ires y venires el día completo. La cabeza me dolía y enloquecía por el lenguaje, los gritos agudos y roncos, el cruce incesante de acusaciones obscenas, los olores ácidos. Perdí el sueño. Todo me castigaba. No faltaba más, era la Reina del Pacífico, rehén del gobierno."

\* \* \*

Desde el nivel del área de la dirección, yo miraba escaleras abajo en espera de Sandra Ávila. En un descanso, apoyada contra la pared, una mujer fumaba con un deleite que yo rara vez había visto. Se llevaba el cigarrillo a los labios, ahí lo entretenía y luego seguía maravillada las volutas de humo que desaparecerían en instantes.

—¿Qué fuma? —quise saber.

—¿Qué habría de fumar? Luqui.

Me sorprendió su nariz, puesta de mala manera en su tez oscura. El rostro de la señora era feo, pero sonreía con una difícil naturalidad que la transformaba. Nunca sería bonita, pero tenía sus buenos momentos.

—¿Pertenece al cuerpo de vigilancia?

—Soy custodia de Sandra Ávila. Una de las tres. Tiene guardia las 24 horas.

—¿Cómo se porta?

—Es sencilla, amable.

—¿Y su nombre, señora, me lo querría dar?

—Aquí soy la jefa Edith.

A veces me perdía en el patio central de la cárcel, sobre todo en los mediodías soleados. Algunas internas se me acercaban. Recuerdo a una, bonita, delgada. Me contó que su novio asaltaba a taxistas y ella lo acompañaba. El asalto era en serio, cuchillo en mano. En uno de tantos atracos, la pareja fue sorprendida y ella cayó presa. El novio desapareció.

—Yo no asaltaba, pero pagué por los dos. Me cargaron 21 años. Llevo tres —me sonríe—. ¿Por qué no me invita un refresco?

Elige en la tienda una lata de guayaba, cinco pesos con 50 centavos. Pago con un billete y le dejo el cambio. Sentí que en ese momento me querría a su lado para siempre. Dijo, suave la voz:

—Mañana es mi cumpleaños. Cumplo 30.

En Santa Martha vive aún, preso, el infeliz a quien el director de entonces, Juan Alberto Antolín, cercenó un sexo, apoyado el pene en una pequeña tabla de madera, de esas para partir queso. De aquella época (Antolín fue director de 1978 a 1982) a la actual, la comparación se antoja irreal.

La cárcel es en sí un infierno, pero durante el tiempo que demandó este trabajo fui sensible al comportamiento de la directora del penal y al personal que la rodea, así como a su trato estricto y a la vez respetuoso para con las internas.

Advertí en la directora, Luz Margarita Malo, la decisión de no arrojar por su cuenta un solo leño a la hoguera encendida que significa la pérdida de la libertad y la mutilación de la personalidad que suele traer consigo. Alguna vez me dijo como un modo de entender su vida y la de los demás:

—Siempre se puede sufrir más.

De nuevo con Sandra Ávila, en esos paréntesis que nacen naturalmente de largas conversaciones:

—Quisiera librarme de esas certificaciones humillantes, de ese reglamento odioso al que me someten todas las noches. Bajarme los pantalones, levantarme la blusa, para saber si recibí un golpe o no, para comprobar que me encuentro bien. La degradación es cotidiana, atroz.

\* \* \*

En el escándalo que suscitó la captura de la Reina del Pacífico y su altísima peligrosidad, se dijo en el gobierno, habría que tener sumo cuidado en el traslado de un sitio a otro.

Cuenta la señora, a ese propósito:

—Vendrían por mí, yo tan importante, para trasladarme al juzgado donde se lleva a cabo mi proceso. Todo un alboroto en la cárcel. Hubo refuerzo en la seguridad, según fui sabiendo. ¿Y qué ocurrió? Nada. Ni un desorden, ni un grito de más. Nada. ¿Y yo, tan poderosa, que tan poderosa era?

Por parte de las autoridades, la solución del problema fue extremosa y así, ridícula: del traslado se encargaría la policía judicial federal. Así fue como el viaje de Santa Martha al juzgado se haría en una camioneta blindada, al frente un carro con toda la fuerza de la seguridad y en la retaguardia, otro carro tan protegido como aquél.

113

Han transcurrido los meses, el juicio apunta al año y no se ha presentado incidente alguno a lo largo de los 20 kilómetros que van del Centro de Readaptación Social Femenil Santa Martha Acatitla en la delegación de Iztapalapa, al Juzgado 18 de Distrito en Materia de Procesos Penales con sede en el Reclusorio Preventivo Norte, en la delegación Gustavo A. Madero.

La captura de la Reina del Pacífico, el 28 de septiembre de 2007, las palabras presidenciales que la condenaron como un capo latinoamericano, así como la difusión masiva del acontecimiento, trajeron consigo aquel día una inusual movilización del gobierno. Por la noche, en las afueras del reclusorio de Santa Martha Acatitla, 250 policías de la AFI y la procuraduría permanecieron atentos a cualquier reacción de los cárteles. No hubo un disparo, un forcejeo por insignificante que hubiera sido, algún amago.

Dentro del reclusorio, en su nivel, la movilización de su cuerpo de vigilancia fue total. Alerta, cuidado, vigilancia extrema. Y nada pasó. Al interior de la cárcel se la hostigaba y sus pasos se seguían. Se pensó que pudiera haber una intentona de rescate y nada ocurrió. Poco después, la prisión retornó a su sombría normalidad. Del capo latinoamericano todos se olvidaban poco a poco.

Posteriormente, en el traslado de Sandra Ávila al Juzgado 18 de distrito, para que rindiera declaración en el proceso que se le sigue, tampoco hubo noticia de incidente alguno. No obstante, la señora llegó a ser trasladada de la cárcel al juzgado, no sólo en un convoy de carros blindados, sino en helicóptero.

Dice la señora:

—He reaccionado a los estímulos carcelarios y participo en eventos que se organizan en el penal. Pero la cárcel es lo que es, despiadada. He sabido de internas institucionalizadas, mujeres que pasan a formar parte de la estructura de la prisión.

"Entregaron pedazos de su alma y viven a medias. Su línea de conducta es una: portarse bien. Así las oigo, así las siento."

\* \* \*

Hay días en el penal que a muchas provocan las lágrimas.

El 9 de mayo de 2008 fue uno de esos días. En la víspera del 10 de mayo, 36 internas volverían a la libertad, madres 35 de ellas. La excepción era una jovencita, lesbiana.

La directora había elegido para la ocasión un elegante vestido blanco y negro; Sara Aldrete, conocida como la Narcosatánica, se cubría con un saco de terciopelo negro y su escote blanquísimo mostraba un aro de finos hilos de oro; Sandra Ávila, de café carcelario, se había perfumado más que de costumbre. Había ramos de flores por todos lados.

En el bullicio, Sandra Ávila me dijo:

—Me siento muy contenta. Ahora salen ellas. Algún día su libertad será también mía.

—Pero ¿cómo está?

—Ahora estoy bien, pero al rato volverá el hastío.

—No sé quién pudiera librarse de ese fastidio.

—Me aburro y no me dan ganas de nada.

—Es la depresión, señora.

El diálogo se hizo monólogo.

—Y volver a empezar, como sea.

Luego:

—Estoy muy sola.

Luego, otra vez el soliloquio:

—Muy sola.

Vuelta al diálogo, dice:

—A mi madre le confiscaron su casa en Guadalajara y a mi hijo, que vive con ella en Culiacán, le cancelaron su cuenta bancaria. Mi hijo vendió una casa pequeña situada a la orilla del mar, que le dejó su papá en Rosarito. Mi esposo la compró en el 87. Murió en el 88, pero la puso a nombre del niño. Yo fui su albacea, porque en ese tiempo nuestro hijo tenía un año y medio. Un mes antes de mi detención, mi hijo vendió su casa. Ya podía hacerlo porque tenía la mayoría de edad. Metió su dinero al banco y le decomisaron la cuenta. Igual con mi madre. Después le decomisaron su casa de Guadalajara. Lo hicieron porque emprendieron una investigación. Revisan, rebuscan, hurgan, amedrentan. Mi abogado teme que les quieran fincar responsabilidades por lavado de dinero. Están en la mira del gobierno. Por esta razón mi abogado sugirió que por lo pronto se abstuvieran de venir a verme. No hay visita con ellos. Mi mamá ha estado conmigo dos veces.

"Casi todos mis hermanos me hablan, se preocupan por mí. Sin embargo, Evelia, la mayor, y Dora, son las únicas que han venido. Mi hermano el de Culiacán me ha visitado tres veces y lo regresa el abogado. Le digo que ya no venga, que no tiene caso, pero busca la forma de verme. Marisa no me ha buscado desde 2002. Lupita tampoco viene porque es diferente a todos. Es desapegada, vive muy apartada de nosotros.

"A mi madre la llamo por teléfono todos los días. Hace poco me dijo que había permanecido al pie de la escalinata de la prisión para que yo la sintiera pegada a mí. Así estuvo tres horas, viendo de frente y sin hablar, buscándome para que yo también la hallara.

"Una va perdiendo todos sus recuerdos, fotografías, objetos personales, prendas valiosas. A veces guardas alguna pertenencia de un ser muy querido, como una cruz que fue de mi abuela. Ella se la puso a mi mamá y mi madre a mí. Pero todo lo de atrás se me va yendo. No puedes guardar un cuaderno con apuntes, un vestido de novia o un reloj, porque en los cateos de que he sido víctima me han robado todo lo que han podido."

—¿Ha habido muchos cateos?

—Dos en Tijuana, para empezar, hace ya tiempo. En 2002 catearon mis casas en Hermosillo y Guadalajara, también la de mi mamá, una casa en Estados Unidos y ahora que me detuvieron, el departamento que ocupaba. No debían llamarse cateos sino "saqueos". Se apropian de cuanto les es posible. Así, los que combaten a la delincuencia son ladrones con permiso para robar.

\* \* \*

Cuenta Sandra Ávila que Juan Carlos Ventura Moussong fue el autor del allanamiento de su casa en Guadalajara. Se llevó desde los muebles hasta las vajillas. No cargó con la casa, porque no encontró el tráiler que pudiera transportarla.

El nombre me sobresalta.

—¿Hijo de Florentino Ventura, señora?

—Seguramente.

—¿Qué hacía en Guadalajara?

—Era comandante de la Federal.

No tuve duda: Juan Carlos Ventura era hijo de Florentino Ventura, veterano de la guerra sucia, asesino y suicida.

—¿Qué podría contarme de Ventura Moussong?

—Yo había escuchado que estaba vendido a gente de Guadalajara. Lo comentaban sus conocidos. Un amigo platicaba que un día, en un restaurante, se encontraban unos narcos y lo llamaron a su mesa. "¿Usted qué?", dijo alguien mirándolo. "¿Yo qué?", atajó el comandante. Juan Carlos lucía sus joyas y se le veía muy sinaloense. "¿Yo qué?", volvió a decir el comandante." Después hablaron pausados, todos. Después tomaron más copas. Después brindaron. Después se despidieron. Se habían arreglado.

—¿Cómo sabe?

—Se sabe.

—¿Supo usted algo de su padre, del padre de Ventura Moussong?

—Oía decir que fue amigo de Jorge Eduardo Castillo Rey, comandantes ambos. A través de Jorge Eduardo, con quien mi esposo tenía una buena relación, conoció a Florentino.

"Cuando mi esposo fue detenido en Culiacán y enviado a los separos de la policía del Distrito Federal, Florentino lo trató muy bien. No hubo un golpe, una ofensa. Yo escuchaba que se respetaban como hombres. Cercano el cumpleaños de Florentino, mi esposo le mandó un león disecado.

"A mí se me quedó grabado que Florentino, al salir de un restaurante, mata a una acompañante de su señora, a su señora y después se mata él. Más tarde, en el tiempo que corre, aparece su hijo en Guadalajara y yo vuelvo a esos recuerdos. Pero mi trato con él, con Ventura Moussong, nunca existió. Yo no iba a hablar con él ni a arreglarme con él, porque yo no había hecho nada. No podía ir y decirle: 'Vengo a arreglarme contigo, de cuánto, dame protección, voy a valerme de tu plaza'. Ventura fabricó un delito para aparentar resultados de trabajo, maquilló los datos a quien daba protección y tuvo una elegida: yo."

A la vez, yo me meto en mis propios recuerdos y le cuento a Sandra Ávila:

—Yo viví con Florentino Ventura una escena brutal. La narro en *Cárceles*. Esboza un cuadro de criminales virtuales o reales, en potencia o en acto, como oía decir a mis maestros en la preparatoria. Una palabra los describe: prototipos.

Escribí entonces y ahora releo en la sala de juntas de Santa Martha Acatitla. Mi lectura en voz alta es lenta, pero el retorno del pasado me parece vertiginoso:

Disfrutaba de la vida Florentino Ventura, el número uno de su tiempo. Director de la Policía Judicial Federal, tenía para sí una mesa en el Focolare, de la Zona Rosa. Iba al restaurante para observar y hacer sentir su prestigio, larga la fila que lo saludaba reverente. Sus anteojos negros, de los que pocas veces se desprendía, lo apartaban y fortalecían a la vez. No había manera de mirarlo más adentro de los cristales.

Sus comidas eran largas, tres o cuatro whiskies, algunas veces dos whiskies y una botella de vino, otra los whiskies, una botella de vino y el coñac. Su segunda esposa, la primera mujer policía del país, era alta, rubia, de cuerpo quebrado en una geometría graciosa. Se sabía que tocaba la guitarra y cantaba a Florentino, a Florentino le cantaba. Su bolsa era pequeña, apenas el espacio para una pistola ligera. De los afeites no necesitaba.

Carlos Mondragón, ex jefe de la lucha contra el narcotráfico en Sonora, era de los elegidos por Florentino. El Dragón se desempeñaba como segundo hombre de Interpol México. Una 45 lo había baldado. Caminaba con cierto apuro, pero sonreía y reía sin dificultad. Solía decir a los primerizos de la Judicial: "Una respiración rítmica ahuyenta el miedo".

Conocí a Florentino por el Dragón. Después se conocieron nuestras esposas. Decidimos unirnos en una relación que pudiera acercarnos. Hubo una primera y una segunda comidas con Mondragón, la tercera, en los dominios de Florentino. Su casa era espectacular. En la cochera, sobresaliente al centro, colgaba un costal, como el de los boxeadores que entrenan. Le di duro, inútil mi esfuerzo. "Así", me dijo Florentino. Bajo el impacto del derechazo, osciló el costal. "Así", repitió con un zurdazo.

Hacia el interior de la residencia vi las alfombras que supuse orientales, los muebles recios, los tapices rojos, los candiles como llamas. Sobre la mesa del comedor brillaban las copas de cristal cortado, los platos de porcelana, los tenedores y los cuchillos de plata pesada. En sus momentos el servicio ni se notaría.

La noche en casa de Florentino, bebimos todos. La fiesta corría como el vino y en una de éstas, la Güerita, Elvira, la amadísima, anunció que iría por la guitarra. Y empezó a cantar, improvisada la letra, prestados el ritmo de corridos y sones que sólo ella habría escuchado: "Florentino es hermoso y fuerte porque hermoso y fuerte lo hizo Dios y si Florentino se fuera a donde quiera que fuera, a diosito gritaría mi dolor".

Se animaba Elvira.

"Florentino, Florentino, no hay hombre como tú, Ventura, qué ventura es amarte, Florentino Ventura."

Embelesado el policía, me acerqué y apenas le dije:

—Vaya conflicto, Florentino, si un día tuvieras que elegir entre tu profesión y esta mujer que te canta como te canta.

Me miró perplejo:

—La puta no vale cinco minutos de mi carrera.

El doctor Carlos Tornero era de los asiduos al Focolare. Director de peritos de la Procuraduría de la República, su trabajo y el de Florentino se desprendían del mismo tronco. Coadyuvantes del Ministerio Público, no era extraño verlos juntos en los escenarios del crimen.

—Fuimos amigos —dice—. Lo quise mucho. En el ejército habría sido general. Comandante, lo llamábamos todos. Y comandante se sabía.

La vida llevó al psiquiatra al más desventurado escenario:

—Yo fui testigo de su desgracia —dice.

121

"Le pesan tres muertes que sucedieron en minutos: la de la infeliz que pretendió interrumpir la golpiza que Florentino propinaba a su mujer, la muerte de la Güerita amada y la muerte de Florentino Ventura por su propia mano y voluntad."

—Se habló de un crimen político, doctor.

—Fue un caso de celotipia, clásico.

Me asusta el recuerdo. Suzana estuvo presente en esas cenas de puritito alcohol, a unos tragos de algo más. ¿Cómo?, me digo ahora. Habíamos cenado ya en casa del Dragón y habíamos cenado en casa de Florentino. La cena que seguía era la nuestra, la nuestra en la casa que Suzana llenaba completa. Pospuse el compromiso una vez, otra, aún no sé cómo. Temía a la ira de Florentino Ventura, "ninguno como él".

—¿Cuándo? —me urgía.

\* \* \*

Regreso con Sandra Ávila, quien había estado un tiempo con sus abogados. La percibo envuelta en cierta perplejidad, una suerte de azoro que no podría descifrar con palabras.

Un día me dijo que dos fuerzas tiraban de ella: el ansia ardiente por la libertad y la decisión de hacer pública su inocencia a través de su propia vida.

—No tengo más argumento frente a las intrigas y las calumnias, vejada públicamente, que decir lo que soy en sustancia, sin poder contarlo todo. Todos guardamos nuestros últimos secretos y en todos existe un campo sagrado que, de pisarlo, nos destruiría. Yo no iré por ahí.

"He sido una mujer independiente, sin compromisos. Llamarme gran capo, enlace entre cárteles, es ignorarme completa. Y en cuanto al día de hoy, en la cárcel, me sé mujer sola. No podría ser de otra manera. Me mantuve sin ataduras con la delincuencia y así seguiré siendo. En esto va mi nombre, el de mi madre, el de mi hijo, el de las personas que amo."

✳ ✳ ✳

—Yo había viajado de Guadalajara a la ciudad de México para comprar algunas cosas y atender asuntos menores. Ese día, viernes, me vi con Juan Diego Espinosa. Mantenía con él una relación a fuego lento.

"Al día siguiente regresaría a Guadalajara. Juan Diego me propuso que aprovecháramos la noche y fuéramos a una disco. Le dije que no. Estaba cansada, sin humor y llena de oscuros pensamientos. Me quedé dormida, seguramente un sueño largo. Juan Diego me despertó, vi su rostro sobresaltado y supe que algo grave había ocurrido. Me dijo que mi casa de Guadalajara había sido allanada, como la de mi madre. La PGR se me echaba encima. Mi casa, en Puerta de Hierro, es muy bonita, muy grande, pero no podría regresar a ella. El fraccionamiento tiene dos plumas, una a la entrada y otra a la salida. Hay muchísimo control, cámaras para fotografiar a cuanta persona entre o salga. Dentro del fraccionamiento hay otras privadas, con otras plumas para acceder a ellas. Mi casa estaba dentro de otra privada y para llegar a ella, se pasaba una pluma más, la tercera. Ya estaba en las noticias, en la televisión, en los periódicos, mi foto por todos lados. Lloré de impotencia y rabia. A partir de ese momento trataría de escapar a esa llamada justicia que nos imponen por las malas.

"Juan Diego propuso que viviéramos en un departamento de su propiedad. El espacio me encogía. No había cuadros, alguna planta, vista a la calle, una ventana pequeña. Por un tiempo me adaptaría. Soy mujer de carácter, así llore. Y contaba con Juan Diego, pues éramos pareja.

"Lo conocí cuando murió Rodolfo, mi marido. Se preocupaba por mí, me cuidaba. Una Navidad me compró un árbol que él mismo adornó para las fiestas. Me apegué a él. No tiene maldad, la profunda, la que todo invade. El gobierno le dice el Tigre y no sabe el gobierno lo que dice."

—No entiendo, señora.

—El gobierno da palos de ciego. Juan Diego era un niño y allá por sus nueve años vivió el terror: el asesinato de su madre y el desquiciamiento de su padre. Acompañaba a sus padres en un carro y ya para despedirse de ellos, se inclinó para ajustarse la agujeta de un zapato. En ese momento, una bala apuntada al padre le abrió en canal la mejilla y el proyectil, directo, fue a parar a su madre, que murió instantáneamente. Juan Diego vio a su padre con la lengua colgada.

"Los amigos de Juan Diego piensan que ahí germinó su carácter explosivo. Era de furias súbitas que no dejaban huella. Así fue hasta el fin de la adolescencia. Por eso el mote, el Tigre.

"El gobierno hizo suyo el sobrenombre, pero quienes conocemos la historia sabemos que un apodo corresponde a la realidad, el Niño Tigre, y otro, el Capo Tigre, es un invento."

—¿Era Juan Diego ajeno al narco?

—Sería imposible que no contara en su vida, pero eso no quiere decir que fuera narcotraficante. El narco ha penetrado en la sociedad, la ha infestado. El padre de Juan Diego fue narco, uno de sus hermanos, Mauricio, también lo es. De otro de sus hermanos, Álvaro, nada sé. Pero Juan Diego es inocente de los cargos que lo mantienen en La Palma. Lo asocian con su padre, con Mauricio, con sus paisanos, con los cárteles de Colombia, conmigo. Es larga la cadena de infundios, la calumnia como prueba legal.

—¿Cómo vivía Juan Diego?

—Vivía con un grupo de colombianos que se dedicaban a la parapsicología, con comillas. Yo le decía que se trataba de charlatanes. "De eso no sabes", me decía. "Tú tampoco", le respondía. Y los dos sabíamos que la parapsicología era un negocio de malas artes.

—¿Cómo era?

—Se valían de personas ricas, ignorantes y supersticiosas hasta la cerrazón. Les hablaban de peligros serios que, de no enfrentarse, podrían llevarlos a la muerte. Pero ahí estaban ellos, los parapsicólogos, para cuidarlos. Investigaban y enlistaban nombres de sujetos conocidos y de salud precaria o silenciosamente derrumbados por la edad. Uno de ellos absorbería su propia muerte para proteger la vida de quien se había confiado a los parapsicólogos de tal manera que éste pudiera vivir sin el acoso de la muerte. Hubo un día que un ricachón, feliz de vivir, les pagó 50 mil dólares.

—Volvamos a usted, señora. Allanan su casa en Guadalajara. ¿Y después?

—Mes y medio después de los allanamientos, se repitió en Juan Diego mi propia historia. Exhibido por los medios de comunicación, sin pérdida de tiempo tendríamos que encontrar un refugio.

"Una prima, que era como una hermana, nos consiguió un departamento de dos recámaras diminutas, apretadas dos literas y unos cuantos muebles. La cocina medía metro y medio por 80 centímetros; no había estufa, apenas una hornilla eléctrica; el baño se reducía al excusado y al lavabo. Sin vista al exterior, el cubo de luz del edificio era una sombra. El departamento se ubicaba en la avenida Cuauhtémoc, en Narvarte. Yo no quería saber ni el nombre de nuestra calle. Vivía al ras, sin ganas ni manera de mirar, porque en el encierro no se mira.

"Yo no quería pensar en Culiacán, ni en Tijuana, ni en Guadalajara. Por duros que allá fueran los días, las noches tenían su continuidad en los días y los días en las noches. Los relojes caminaban, pero acá, en la caja que teníamos por departamento, no había noches ni días, había una sola oscuridad."

—¿Usted qué hacía?

—Teníamos televisión y cable. Leía.

—¿Qué leía?

—*Memorias de una Geisha*, *La vida de una Geisha*, *El código Da Vinci*, *Gloria y esplendor*.

—¿Y Juan Diego?

—Limpiaba y limpiaba. Tallaba las paredes, sucio el departamento que alojó a un muchacho soltero.

"Estábamos juntos. Ahora lo veo y me veo como dos soledades que se sonríen y hablan poco. Fue un tiempo sin conversación. Yo lo quería mucho, pero mi ser no era completo. Supe del cansancio, el cuerpo pegado a la pared, los ojos sin horizonte, la sensualidad más y más hacia el reposo.

"No podíamos seguir así. Una prima, mi prima, se ofreció a llevarme por carretera a Culiacán. Fue cuando me pinté el pelo. Elegí el amarillo. Me recuerdo: de tan negro que tenía el cabello, el amarillo me cambiaba. La Reina, me decía a veces y soportaba con humor mi propio sarcasmo. Cuando muchacha, algunos me llamaban India y me decían: 'Tantos te queremos, India, tantos te seguimos que alborozados nos preguntamos: ¿con quién terminarás, India hermosa?'

"La Navidad la pasé con mi mamá. Mi hijo había llegado de Canadá para vivir la fiesta conmigo, con su abuela, con todos. Celebré el Año Nuevo en familia con mis hermanos y mis tíos, mis compadres. Pero la vida ya era otra. Nos reuníamos, hacíamos comida. Pasó enero, febrero, pero se trataba de ocultarme, que nadie supiera que era yo, que yo estaba allí."

\* \* \*

Sandra Ávila fue detenida el 28 de septiembre de 2007. El 29 de septiembre de 2007, el Ministerio Público de la Federación adscrito a la Subprocuraduría de Investigaciones Especiales en Delincuencia Organizada (SIEDO), informó del ejercicio de la acción penal en contra de la Reina del Pacífico, quien fue recluida en el Centro de Readaptación Social Femenil Santa Martha Acatitla, por su probable comisión de los delitos de delincuencia organizada, contra la salud en la modalidad de fomento para posibilitar la ejecución de dicho ilícito y operaciones con recursos de procedencia ilícita.

—La víspera de mi captura dormí mal. A las 9:30 de la mañana recordé un pendiente. Unos amigos me esperaban en Vips de San Jerónimo. Al llegar al desayuno, estacioné mi camioneta BMW, miré alrededor, temerosa de las personas y de las sombras. Ya sabía sin saber lo que me esperaba.

"El desayuno duró un par de horas. Mientras platicábamos, una señora me alteró. De pie, mirándome, hizo una llamada por teléfono y después fue a su carro.

"Pedimos la cuenta y aún tardamos un rato platicando en el estacionamiento. Ahí pude observar un vehículo lleno de gente. Les digo a mis amigos: 'No me gustan ésos'. Me contestaron: son gente del senador Bartlett, que está adentro, en el área de las revistas. Nerviosa, quise platicar como si nada. Nos besamos todos en la mejilla. Nos despedimos, y al tiempo que abría la portezuela de mi camioneta y me disponía a abordarla, se me vinieron encima esas sombras a las que tanto temía y de las que ya sabía, porque las había soñado, sombras horribles.

"Yo ignoraba de quiénes se trataba, si policías, secuestradores o enemigos encubiertos. Les pedí que se identificaran y me enseñaron una credencial. Me jaloneaban. Eran monólogos autoritarios, en el tono de un tú despreciativo:

'Identifícate, identifícate'. 'Bájate, acompáñanos.' 'Identifícate.' 'A ver, a ver, déjame verla bien.' Tuve ante la cara, casi pegadas, las credenciales, una, dos, tres. Me sentí un poquito mejor. A lo mejor hasta eran policías y, de serlo, por lo pronto no me matarían."

—¿Eran policías?

—Era la PGR. En el trayecto, uno sacó un oficio al tiempo que me preguntaba: "¿Usted es Sandra Ávila Beltrán?" "Sí." Tuve entre las manos una hoja que llevaba mi nombre y escuché: "Es una orden de presentación con fines de extradición". Me calmé un poco. Había una causa: mi detención. En fin, no era la fatalidad del secuestro o el crimen o lo que fuera.

"Enseguida, me preguntaron por Juan Diego. Respondí que de él, nada sabía. Me amenazaron. Me llevaron supuestamente a las oficinas de la SIEDO. Después me entero de que no es la SIEDO la que me detiene sino la Policía Federal Preventiva (PFP). Vuelve la angustia: los policías también secuestran y matan.

"En la SIEDO me ofrecieron comida, evitaron los separos y me tuvieron en las oficinas. Cuando ya me iban a sacar para trasladarme aquí, a Santa Martha, en la noche, como a las 11:30, me di cuenta de que también tenían a Juan Diego."

—¿Cómo se da cuenta?

—Cuando me van sacando, alcanzo a ver que a Juan Diego le están tomando fotos.

—¿Y hablan ustedes?

—No.

—¿Cómo siguen las horas?

—No me toman declaración. Me hacen muchas preguntas, me toman varias fotografías. Y me muestran otras. Señalando a un sujeto, preguntan: "¿Lo conoces?" Se trata de una fotografía donde estamos él, mi esposo, yo. Contesto que no. "¿Cómo se llama?", insisten. "No sé." "Sí sabes. ¿Cómo se llama? Dinos cómo se llama." "No sé su nombre." Siguen insistiendo, cuatro o cinco veces. Entonces, uno me dice: "Es el Mayo Zambada". A lo que respondo: "Entonces para qué me estás preguntando, si tú sabes. Han de ser hasta amigos." Y nada más se me quedan mirando, así como con rabia, con ganas de muchas cosas. Les dije: "A ustedes es a quienes debían detener, no a mí. Ustedes son los que protegen a la delincuencia". "¿Nos has visto alguna vez?" "Sí —les dije—, a todos ustedes, en fiestas siempre, aquí no entra nada ni nadie si no es por ustedes."

Me mostraron varias fotografías de mi esposo, mías, de otras personas. Unas fotos de mi boda con gente que de veras asistió, pero que yo no conozco o no recuerdo. "¿Éste quién es?" "Pues no sé, invitados de mi esposo." Imagínense, eran fotos de hace 20 años. Esas mismas personas habrán cambiado. Al Mayo Zambada no lo reconocería después de 20 años de haber conversado con él. "La foto puede ser una prueba, pero por ahora es un indicio serio. Aténgase", escuchaba.

—¿Qué sigue, señora? —le pregunto.

—Me trajeron aquí, a Santa Martha. Me internaron a la media noche. Me sentía helada. Estábamos a finales de sep-

tiembre. Yo traía un abrigo de mink por el frío de la mañana, era un abrigo corto. Me lo quitaron.

—¿Reclamó el abrigo?

—Sí, pero no me lo devolvieron. Son unos rateros. Aquí
me metieron en una celda, sola, y no me dieron ni una cobi-
ja para taparme. Pasé toda la noche tiritando, agachada,
metiendo mi cabeza entre las piernas para calentarme un
poquito. Me echaban las luces y me gritaban: "Duérmete".
Callada, nada más los miraba y volvía a agachar la cabeza y
al rato venían y me echaban las luces.

"Pensé que se trataba de un proceso, y que éste tarde o
temprano tendría que suceder. Sería mejor aclararlo todo y
demostrar la verdad. Mis amigas me platicarían, entre otras
cosas, que también se decía que alguien me quería matar."

* * *

A fines de febrero de 2008 yo estuve en Tijuana. Quería
saber qué era de aquella ciudad bajo el narco y la violencia. Imaginaba la pesada sombra de Carlos Hank González, como si estuviera vivo, y la prepotencia criminal de su
hijo Jorge, como si nunca fuera a morir. En algún sentido,
padre e hijo eran antípodas. Hank González me parecía la
estampa de un corrupto de maneras exquisitas y Jorge era,
sencillamente, brutal. Pero se entendían.

Sandra Ávila nació en Tijuana y ahí transcurrieron años
de su infancia y adolescencia. La ciudad le interesa e importa. De vuelta a nuestras conversaciones en el reclusorio, ya
de regreso de Tijuana, me preguntó qué había visto por allá.

Fui sucinto:

—La violencia se retrata a sí misma en la convivencia entre policías y delincuentes. Juntos y separándose, separándose y juntándose, han dado forma a un hampa cerrada. Matan, secuestran, roban, siembran el terror.

En esos días de febrero, Alberto Capella, responsable de la seguridad pública de Tijuana, funcionario ciudadano, funcionario sin partido, tenía registrados 400 plagios, sin manera de distinguir entre secuestrados, desaparecidos y muertos. "¿A partir de qué fecha?", le había preguntado. "Dos años", fue su respuesta. Pero dijo algo más: el hampa, como jugando, extendía su acción a sujetos de condición modesta, sin relieve político ni social. Se trataba de una actividad adicional al negocio que todo lo paga en oro: el narcotráfico.

En la línea fronteriza, de aquel lado existe una movilización creciente para que ciudadanos norteamericanos se abstengan de viajar a nuestro país. Tijuana cobra su pesarosa fama: ciudad peligrosa.

Junto con Capella, con pasajes heroicos en su vida, descendí al fondo de un subterráneo construido por el cártel de Tijuana para la práctica del tiro al blanco. Se ubica en el centro de la ciudad, es rectangular y día y noche lo protegen policías encubiertos. Temen que los identifiquen los narcos. Los muros del pozo están protegidos contra el estrépito por pedazos de hule, destrozadas quién sabe cuantos miles de llantas. En un extremo del búnker, cuatro monigotes sostenidos por atriles forman el armatroste que permite el tiro al blanco. Los guardianes de la caverna informaron a Capella que encontraron 90 mil tiros percutidos y un arsenal de 20 mil balas intactas. El penumbroso encierro recoge inmundicias y el piso es sólo un tapiz de basura negruzca.

También fue enterado Capella acerca de que el búnker operaba con su propia capacidad tecnológica. Maquinaria sofisticada permitía un mejor uso de las armas de fuego. Un R15 con capacidad para seis disparos, uno a uno, cobraba su fuerza expansiva con 17 tiros en ráfaga.

Adela Navarro, la directora del semanario *Zeta*, me proporcionó un dato más: el subterráneo fue centro de torturas.

Por Tijuana, tratando de sentir los latidos de la ciudad, la casualidad me llevó a una escena de sencilla brutalidad:

A los separos del edificio policiaco había sido conducido un sujeto con el rostro cubierto por su propio suéter, mugriento, como todo él. Dominaba a duras penas el temblor de su cuerpo y avanzaba con lentitud. Como un simple objeto fue colocado contra una pared y se le advirtió que debía permanecer inmóvil. En el patio habría una veintena de soldados y policías, todos con armas largas que llevaban en la mano como bats de beisbol. Yo miraba en la confusión de sentimientos, la crueldad y la ley, cada una por su lado.

De pronto advertí que el detenido ya no mostraba su cuerpo de frente, sino de espaldas, todo él contra el cemento de la pared.

—Se movió —dije a un soldado.

—No se movió. Movimos al cabrón.

Supe de qué se trataba. Respiraba por voluntad de sus captores.

También le conté que había entrevistado a personas que no ocultaron su temor a Jorge Hank, todas con el sufrimiento a cuestas por la ausencia de familiares, amigos y amores tenaces de su propia vida. Durante las conversaciones grabadas hablaban con naturalidad hasta llegar al personaje. Me pedían entonces que apagara el pequeño aparato y algunos hasta lo alejaron. El miedo se trae, respira.

A todo esto, Sandra Ávila comenta:

—Cuando Jorge Hank estaba como presidente municipal, yo pensaba qué sentiría la gente. Siempre le han temido. En el tiempo que viví en Tijuana se hablaba de la relación de Hank con Arellano. No era un secreto y a nadie sorprendía que se pudieran entender. Conocí a Vera Palestina, el jefe de escoltas de Hank. Todo fue circunstancial. Se lo presenté a una amiga y se hicieron pareja. Tuvieron un hijo. En esa época me enteré del problema del Gato y el hijo de Vera, escolta de Hank. Me parecía que todo olía a sucio. Por eso, cuando Hank fue presidente municipal me preguntaba cómo estaría la gente y si lo querrían como gobernador.

—¿Sería mal alcalde? —se pregunta.

Repito una idea que se ha ido haciendo certeza.

—Pienso que impuso la ley del terror.

—El gobernador de ahora, ¿qué hace frente a Hank?

—Creo que todo sigue igual.

—¿Qué me contaría del profesor Hank González y del ingeniero Hank Rhon, del padre ante el hijo y del hijo ante el padre?

—Me parece impensable Jorge Hank sin el apoyo de su padre, de su inmensa fortuna y las relaciones que pacientemente tramó. En su libro *Una vez nada más*, publicado en 1997, Jesús Blancornelas escribió: "… hasta *Zeta* lo incluyó (a Jorge Hank) en su lista anual de hombres más distinguidos".

Por otra parte, en Tijuana confirmé que Héctor el Gato Félix no murió en el aborrecimiento por Jorge Hank Rhon. Fue más allá: murió en el desprecio al hijo del profesor.

Asesinado la noche del 20 de abril de 1988, sus dos últimas columnas, "Un Poco de Algo", dejaron un testimonio que, como quiera verse, vinculó a Jorge Hank con el crimen.

El lenguaje del Gato fue escatológico, pero su influencia en la sociedad de Tijuana resultaba impactante. El mismo día 20, la revista *Zeta* anunció que, a petición de sus lectores, reproduciría los textos del columnista.

El Gato llamaba Pirrurris a Jorge Hank. También le decía la Mechuda. Acerca del personaje escribió, la muerte al lado:

El Pirrurris:

Papi: quiero avioncito y helicóptero. Papá le compró helicóptero y avioncito al Pirrurris mechudo. El primero es un Bell, de una turbina el juguetito y lo estrenó Jorgito en un viaje a Ensenada. A su regreso declaró inaugurado el Foreign Book de Rosarito.

El avioncito que también tiene Jorgito es un jet ejecutivo azul y blanco con 10 plazas. Es marca Grumman, de dos turbinas y matrícula gringa, *of course*.

Sobre el helicóptero hay una versión. Como la Mechuda tiene tantos pelos, no hay secador que lo alcance. Así con las hélices su aparato resuelve el problema.

Y de dónde saca papi tanta feria para cumplirle al Pirrurris sus caprichitos. ¡Uh!, qué mala memoria tienen. Fue Regente del D. F. y antes Gobernador del Estado de México.

Que a Jorgito le aprovechen sus juguetitos y aguas con el greñero.

Ese pinche colorcito color ladrillo con que están pintando Sanborns es el que le sobró del hipódromo. Ahí donde su gerente de apuestas, Jorge Pirrurris Hank está dejándose la barba que después se pintará de blanco y listo: Santa Clos.

Camellos en la cuadra 10 del Hipódromo. Al parecer, la nueva mafufada del Pirrurris es hacer una carrera con dichos animales. Será algo así como el premio CESPT en honor de lo desértico que los inservibles éstos tienen en Tijuana. A propósito ¿qué onda con Hank? Como que le quitaron las ganas de lucirse, pobrecito, en tres comillas, ya que papi está hinchado de dólares.

Ernesto Pallares Ceballos, empleado de Jorge Hank Rhon que nada tiene que ver con los camellos que trajeron, mucho menos con la preguntita: ¿Sabes a qué huelen las jorobas de un camello? A nalgas de Pirrurris.

"Mira, ahí está el Mechudo ése de Hank… a ver si nos regala una de las 45 boas que tiene, o de perdida, unas cuantas liendres."

En el trato social, el profesor Carlos Hank González era dechado de virtudes, y el ingeniero Jorge Hank Rhon la sim-

136

ple grosería. Sin embargo, más allá de las apariencias, padre e hijo se entendían como los remeros en una barca. Empujaban al unísono, cada uno en su lugar.

Por sus habilidades, óptima escuela de corrupción, el profesor pudo montar un emporio en Tijuana y de su manejo se hizo responsable el joven ingeniero.

Nació el Hipódromo de Agua Caliente, nacieron las casas de juego en grande, los traficantes de drogas se coludieron con la autoridad y llegó la hora de la barbarie: desapariciones, crímenes, inseguridad.

Como que Tijuana se va perdiendo.

\* \* \*

Sandra Ávila me habló largamente de su hijo:

—Antes de su secuestro se comportaba como un niño educado, sencillo. Todas las mamás miramos bonito a nuestros hijos y yo lo miraba muy guapo. Se parece a su padre. De mí tiene la boca, pero sus ojos son del papá. De mí el color de la piel, como canela. El papá era muy blanco. La familia es güera y pelirroja, de ojos azules. Mi hijo nació de pelo rubio, pero se le fueron oscureciendo el cabello y la piel. Era muy delgado.

"Le gustaba su casa, su Nintendo, la televisión, los juegos. Era muy sociable, como su mamá. A lo mejor hasta un poquito líder. El día que lo liberaron tuvimos que cerrar la calle donde vivíamos, Sendero de los Pinos, de tantos amigos y compañeros que llegaron para verlo. Todo fue muy conmovedor. Contaron que algunos habían ido a la iglesia para rezar por él y otros habían prometido no volver a fumar si reaparecía.

"Yo tuve que internarme en un hospital. Estaba descompensada, la depresión. De vuelta a la casa le dije a mi hijo que iríamos al psicólogo. No quiso. Tenía miedo, miedo por él y miedo por mí. Un amigo nos envió una camioneta blindada que apenas usábamos. Yo me decía, como nos decimos todos, que habría que confiar en el tiempo. En la espera, tratando de rehacernos, me cayó la orden de aprehensión y el allanamiento de mi casa.

"Ese día, acusada por la PGR, mi hijo había ido a Mazamita con unos amigos y yo había viajado a la ciudad de México para arreglar algunos pendientes. Lo llamé de inmediato y le dije que no regresara a Guadalajara, que fuera a la casa de mi prima. Imagino a mi hijo atónito, una tragedia seguida de otra, su vida ya era otra. Momentáneamente se quedó sin ropa, que no importaba, pero se quedó sin nada. Perdía su casa, perdía su cuarto, perdía sus juegos, perdía sus estudios, perdía la seguridad de su personita, perdía a sus amigos, perdía a su mamá.

"En casa de mi prima se cubrieron los trámites para enviarlo a Canadá, a un internado. No tenía pasaporte y yo no podía viajar con él. El pasaporte y lo demás lo arregló el dinero. Mi hermana lo llevó a la escuela lejana, otro mundo. Prófuga, yo andaba por San Miguel Allende y me iba a Querétaro para hablarle desde un teléfono público. Todo por observar medidas de seguridad, sabía que podían rastrear la llamada y así saber en qué ciudad me encontraba.

"Se me aprieta la garganta cuando pienso: ¿cómo lo encontraré, cómo me encontrará, cómo nos encontraremos cuándo nos encontremos?"

\* \* \*

Durante el gobierno de Carlos Salinas de Gortari circularon versiones que algunos consideraron alarmantes: el narcotráfico avanzaba en el país y era preciso enfrentarlo resueltamente. No había más arma que el Ejército, lanzados los soldados a la guerra.

En ese clima, un estudioso a fondo del Ejército mexicano, doctor en derecho, pidió al secretario de Hacienda, Pedro Aspe, que hablara con el presidente de la República para evitar una decisión que, de llevarse a cabo, afectaría gravemente a la nación.

Aspe escuchó los argumentos expuestos:

Sin una información completa acerca del narcotráfico, el Ejército iría al fracaso. Antes de iniciar un combate frontal, el Ejército como institución, soldados y generales en la misma férrea disciplina, deberían compenetrarse de la estrategia de los delincuentes, conocer sus refugios, cercar a los capos hasta su captura o la muerte en la lucha, penetrar en la clandestinidad que los envuelve y protege, abrir perspectiva a los miles y miles de hombres y mujeres que se unen a ellos por la pobreza, destrabar el fluido contrabando de armas de alto poder. Una tarea de esta magnitud, sostuvo el especialista, debería prepararse con tiempo y como toda una acción del Estado mexicano, esto es, la nación comprometida.

Pero habría otros datos:

La vida extenuante en los cuarteles seis días a la semana, hacía de los soldados hombres con virtudes propias, pero de alguna manera apartados de los modos y conductas de la sociedad civil. De aquí la dramática prepotencia de algunos, en especial con las mujeres, que tantas desdichas ha provocado. Los sueldos ínfimos para el 80% del personal del Ejército, la tropa, se confrontarían brutalmente con el dinero explosivo de los narcos, millonarios de la noche a la mañana. No les sería difícil atraer a soldados y oficiales deslumbrados por una vida que podían sentir a su alcance: el dinero y la impresionante presencia femenina.

Pregunté al ex secretario si la historia que le contaba era cierta. Respondió afirmativamente.

\* \* \*

El lenguaje de Sandra Ávila se ocupa sobre todo del dato personal, el dibujo escueto de las circunstancias de su vida. De escribir, evitaría los signos de admiración. Pero ese 11 de mayo, ya lejos y a la vez muy cerca el día de las madres, otro era el tono de la voz. Las noticias del día la habían violentado.

En su fuero interno y en el coraje de la voz, ella, completa, rechazaba la exaltación como héroe del jefe policiaco Edgar Millán. El homenaje del presidente de la República y las condolencias llegadas de Estados Unidos, la alteraban.

Dijo, directa:

—El gobierno hace héroes a quienes quiere y hace villanos a quienes se le antoja. Para el policía, la gloria en los medios, en los discursos, en el pésame a los familiares. Para la Reina del Pacífico, el escaparate, que se la vea en la cárcel, que se haga de ella un escarnio y que se aplauda a Felipe Calderón, que juzga y sentencia sin pruebas.

"Soy narcotraficante por decisión de los que mandan. Mi hijo también será narcotraficante, si así conviene a la política del poder. Personas de mi familia pueden correr igual suerte. Y los descendientes del Chapo y los de los Arellano y los de los Zambada y los de todos. Y lo que pienso de los familiares lo pienso también de las personas cercanas.

"En los medios y en los libros se habla de la delincuencia organizada, de los cárteles. Pero nadie habla de las narcoinstituciones, que son gobierno. Sería el caso del cártel de la PFP, el cártel de la SIEDO, de los narcopolicías que traen charola.

"Corrompidas las instituciones policiacas, como ha reconocido el propio licenciado Felipe Calderón, no podría, no debía exaltarse a Edgar Millán como a un héroe, ejemplo, con todo lo que estas dos palabras traen adentro. Millán estaba arriba y la corrupción estaba desde abajo y él no la combatió hasta desmembrarla. Ésa habría sido la tarea de un héroe.

"La solución contra el narcotráfico no está en el gobierno. La solución está en todos. Pero nosotros, los que no somos gobierno, no nos entendemos entre nosotros y el gobierno me parece que tampoco se entiende. No me gustan algunas palabras, pero creo que la corrupción ha penetrado en el país como una violación. Si no hay gobierno limpio, no hay gobierno eficaz."

Suelta una frase irónica y malhumorada:

—Cuando salga, a lo mejor hasta pido una charola.

Dice enseguida:

—Le voy a contar historias de nuestra vida.

"Un día viajaba una prima de Guadalajara a la ciudad de México. Venía con mi hijo. Viajaban para que nos viéramos un ratito, los minutos que fueran. Yo andaba prófuga. En la carretera los detienen los hombres de la Federal de Caminos. El carro, un Volvo, les había llamado la atención y los orillan en la cuneta, los separan, cada uno por su lado para hacerlos sentir mal. A mi prima le revisaron sus papeles. Ella se apellida Beltrán y la interrogan, narco, quizá. Fueron dos horas así. Ya para terminar, les desmantelaron el carro y después los dejaron seguir.

"Yo tenía un amigo de apellido Caro. En una ocasión fue a visitarme a Hermosillo. Era buen muchacho, un estudiante que viajaría a Europa. Por su apellido, fue detenido en el aeropuerto. Le sacaron 2 mil dólares."

\* \* \*

—Entre otros ilícitos, usted ha sido acusada por lavado de dinero. ¿Lavó dinero, señora?

—¿Por qué habría de lavarlo? Mi propia vida responde por lo que me pregunta.

"Mi esposo José Luis fue asesinado y me heredó ranchos, casas, joyas. Mi marido Rodolfo también cayó de manera artera y, como mi esposo, me dejó cuanto tuvo. Además, recibía regalos. Tenía muchos amigos, pretendientes que me buscaban. Todos sabemos que donde hay negocios hay dinero."

—Usted hacía negocios y fue propietaria de 225 predios, en Hermosillo, que transformó en un fraccionamiento. ¿No hay aquí la evidencia de que no le bastaba con el dinero y los bienes que poseía?

—¿Acaso por eso se es delincuente? ¿No tengo derecho a ser empresaria como cualquier ciudadano? ¿Por qué a otras personas se les halaga como triunfadores, hombres y mujeres de negocios, de éxito, honorables empresarios? ¿Yo por qué no? La satisfacción completa la da el propio trabajo. Me gustaban las transacciones de los bienes inmuebles y a ellas dedicaba parte de mi tiempo.

—¿No le ofende tanta riqueza en un país tan pobre?

—El país se ha ido haciendo así y yo no lo hice así. Habría que preguntarle a los políticos y empresarios, a los del tráfico de influencias, si ya se cansaron de ganar dinero.

—La pregunta es a usted, señora.

—La pobreza extrema se da en muchas regiones del país y a mí me duele el sufrimiento. A ese abatimiento, el de la miseria extrema, como se le llama, no se llega en las sociedades narcas. En éstas hay dinero para empleos, para la siembra de la hierba, para construir, para el despilfarro. Ésa es una realidad, ahí está, pero nada me oculta la contraparte: el sufrimiento y la muerte que no respeta mujeres y niños, ancianos que desearían terminar en paz. En las sociedades narcas se aleja el Estado de derecho o se va extinguiendo. Ahí se vive de otra manera. Ahora hay una moda: muchos jóvenes son enviados por sus padres a Estados Unidos y a Europa. Regresan con maestrías y doctorados. Crece el número de los que se miran empresarios. ¿Y por qué no? La vida personal tiene sus propios derechos.

Sigue:

—Presa en Santa Martha, la procuraduría abre una nueva línea de investigación en mi contra. El cargo: portación de armas. La acusación es absurda a más no poder.

"El año 1987, mi esposo y yo abrimos una cuenta en Bancomer de Guadalajara y contratamos una caja de seguridad. En ella guardamos una pistola 45 que nunca tuve en las manos y vi una sola vez, justamente en su caja hermética.

"Mi esposo fallece en 1988 y yo mantuve la cuenta. Fue hasta el año 1993 o 1995 cuando decidí cancelarla, pero cierro solamente la cuenta, no la caja. Ignoraba que la cuenta bancaria y la caja de seguridad respondían a contratos diferentes. Fue así como mantuve viva la caja de seguridad, pero ya sólo a mi nombre. Nunca porté el arma. No hay quien pudiera sostenerme lo contrario."

—No se trata sólo de una 45. El expediente de la procuraduría señala que le fueron decomisadas cinco armas de fuego de distintos calibres y cartuchos.

—Del expediente puedo esperar lo que sea. La procuraduría ha sido y es fuente de corrupción. Los expedientes del gobierno responden a los intereses de las autoridades. No representan prueba alguna, pero influyen en el ánimo de las personas. Los expedientes los aprovecha el gobierno, sobre todo, para filtrarlos en los medios. En el caso de las armas de fuego decomisadas para fincar responsabilidades, miente el documento.

—¿Ha aprendido usted algo en la cárcel, sin calificarlo de bueno o malo?

—Sobrevivo.

La provoco:

—Sobreviven los náufragos, señora.

—Sobrevivo —reitera.

—¿Qué es sobrevivir, si ante la muerte todos somos sobrevivientes?

—Hay mañanas en las que me digo: hoy no me levanto. Y me levanto.

\* \* \*

Sandra Ávila sigue la información que se ocupa del narco y todo lo que le atañe. No les cree a los medios, menos que a ninguno a los noticieros de la televisión. "Su manipulación la he sufrido, me consta", dice. Pero la noticia "sin rollo" la atrapa y así sean unos minutos puede escapar del síndrome carcelario, la depresión.

Cuenta:

—Anoche vi al presidente en la tele. Dijo que la guerra contra el crimen organizado será cruenta y larga, pero sin duda la ganará el gobierno y ya la va ganando. Yo no creo que así vayan a darse las cosas.

—¿Por qué? —acudo a la pregunta lineal.

—El narcotráfico y la corrupción forman parte de un mismo problema. Se alimentan.

145

—Causa y efecto, efecto y causa, causa y efecto, efecto y causa, hasta que acaban siendo lo mismo —interrumpo.

—Sí, creo que sí. No hay manera de combatir el crimen organizado sin combatir la corrupción del gobierno. La guerra es una sola y no habrá manera de ganar media guerra.

En el diálogo también preguntan los ojos, las manos, el comportamiento del cuerpo. Escucho, en el silencio de las palabras un "¿usted qué opina?"

Pienso que la corrupción está en el origen de los males que agravian a una nación que alguna vez soñó que podría acercarse a la equidad. La corrupción genera corrupción y en México ha sido imparable. Ha crecido, me parece, en proporciones geométricas.

Y digo a Sandra Ávila:

—Largo tiempo debió transcurrir para que el país descendiera a los niveles de corrupción en los que ahora se encuentra y muchos años habrán de transcurrir para que pueda limpiarse la costra dura que impide la salida de la sangre envenenada.

Callo. Para qué más.

Sandra Ávila:

—Yo pienso que el gobierno de Calderón se entendió con el gobierno de Fox, juntos al final de cuentas. Vicente Fox y Marta Sahagún vivieron como quisieron y robaron como les dio la gana. Ahora, ni quien se meta con ellos.

—¿Habla usted con rencor?

—No podría evitarlo. Me aprehendieron hace 10 meses y aquí estoy. Ni culpable ni inocente, de un lado para el otro. Llevo ya 300 días en la cárcel, 300 pequeños infiernos de un infierno grande. Pero no hablo con odio. Querría que se acabaran esas matanzas que van a durar y durar. Pesa el rencor. Han destruido mi vida y contra eso tendré que luchar. Me marcaron. Me tengo que limpiar.

\* \* \*

La sociedad narca ha ido creando su propio lenguaje, sus maneras de vivir. Lejos de la ciudad de México y su poder central, se ha hecho distinta.

Le pregunto a Sandra Ávila por las palabras del narco.

—No sé.

—Ábrase a la memoria.

—Fui prófuga y estoy presa. Siento que las palabras se me fueron. La cárcel agota, las ideas se mueren.

—Hay pozos que pensamos secos y rebosan agua.

Su respuesta es un lento trago de café. Lo saborea como si fuera pan. Las palabras le van llegando:

—"Te pusieron" alude a la traición. Ahí estás, en la mira. "Lo pusieron", lo mataron. También se dice "estaba puesto". No había remedio. A la mercancía se le llama "cosos", también "los cuadros". "Hacer una vuelta", esto es un negocio que se concreta. "Hacer cruces" es cruzar mercancía al otro lado.

—¿Qué son los "cosos"?

—No sé. Pero la oigo, se oye.

"Al traidor se le conoce como 'dedo' o 'sapo'. 'Sapo' suena más en Colombia. Al traidor también se le señala: 'chiva',

147

pero en un solo sentido. No como aquí, que también alude a la cobardía. Es 'chiva', se rajó. 'Hay que darle piso' anuncia la sentencia implacable. El narco es 'la maña' y al de 'la maña' se sabe que pertenece al sistema, el cártel. El policía es 'el tira', y el soldado, 'la sardina'. La cárcel es 'el tambo', expresión común, pero también 'la cana'. Las armas son 'los fierros', y las mujeres, 'las morras'. 'Darle para abajo', la muerte sin remedio. 'Brinco' es el cruce de la mercancía en la frontera.

"Pero más que las palabras, a mí me llama la atención que a los hombres se les prive de su nombre. Los Enrique, los Fernando, los Gabriel, los Carlos, los Pedro, los Jorge, los Roberto, apenas se escuchan."

—¿Será una forma de clandestinidad, una nube protectora que se formó sola? Divago, señora.

—No sé. Podría ser. Pero también pudiera ser una costumbre que viene de muy lejos.

Vuelve Sandra Ávila a la memoria:

—¿Se acuerda de Rafael [Caro Quintero]?

—Sí, claro.

Fue R I. R por su inicial y primero porque muchos lo pensaban primero en todo.

—¿Y los apodos, a falta de nombres propios?

—Chino, Coyote, Profe, Doctor, Grande, Güero, Negro, Pollo, todos. Un amigo me decía Negra, otro India y como no me decían entonces, ahora algunos me dicen Reina.

—¿Le gusta el lenguaje del narco?

—Yo trato de hablar correctamente. Me gusta aprender y ser educada, pero el hecho de que viva con alguien no significa que quiera ser como esa persona. Hay quienes no piensan así y se adaptan al medio ambiente. No es mi caso. Me agrada ser diferente.

Digo a la señora:

—Me llama la atención su manera de expresarse. A mí me atraen las palabras. Me importan y las temo. Las temo, sobre todo. Nunca las alcanzo. Usted se expresa sin tropiezos mayores pero eso sí, a veces es repetitiva y da vueltas sobre sí misma. A mí me enseñaron que la primera regla del lenguaje consiste en evitar las muletillas. Huir del "hasta", el "pues", el "entonces". No son frecuentes en usted las palabras gruesas. ¿Cómo son las mujeres en la sociedad narca? —pregunto.

—Competitivas, exhibicionistas. Me incluyo porque yo también fui así. Siempre miran, miramos, a la que tenía la mejor joya, el mejor carro, quién era más y mejor atendida por el esposo, por el marido, por el novio. Nos gusta mantenernos arregladas y fijarnos en la moda. Cuidar hasta el detalle el cuerpo, la cara. En todo esto se esmeran y son muy entregadas. También me parece que…, cómo decirlo, no que sean sumisas pero sí que están pendientes del hombre, digámoslo así, para aprender de él. Aceptan situaciones por interés.

—¿Qué situaciones?

—No hay problema mayor si el hombre con el que viven tiene cuatro o cinco mujeres. Es una ley establecida.

—¿Es un signo de poder?

—También de éxito. Además, es un hábito acendrado.

—¿Se vale que las mujeres tengan muchos hombres?

—No. Eso no pasa.

—¿Y si pasa?

—Pues las matan o las dejan.

—Y cuando las dejan, ¿caen en el descrédito?

—No, pero es como un rasgo, algo parecido a la idea que algunos tienen de las viudas. Ya no se es la misma, pero no deja de ser la misma.

—¿Qué consecuencias tiene la infiel, si así pudiera llamársele?

—Hay hombres que simplemente las dejan y les dejan todo. Muchos son así. Son entregados con la familia, con la mamá, pero a su modo. Son desprendidos, y a los hijos no los llevan a la escuela ni los ayudan con la tarea. No los llevan al parque, ni al futbol, ni a la feria. Viven así. Se trata de darlo todo, un buen colegio, buena ropa, buena comida, buena casa, pero sin su tiempo, la cálida compañía. Entre los amigos hay respeto, se ayudan unos a otros, se hacen compadres. Pero aquí también algo va cambiando. Antes se decía: "Con las mujeres y los hijos, no". ¿Qué quería decir esto? Que con ellos nadie podía meterse. Ya no hay el respeto de antes para las mujeres y los niños. En las balaceras, no siempre los cuidan.

—¿Por qué todo esto, señora?

—Se ha extendido el negocio. Durante mucho tiempo fueron pocos los capos que controlaban el narcotráfico. Ahora son muchos los que participan desde arriba. Mi esposo me decía que a él no le gustaban las ciudades grandes, porque no las podía controlar. También crece el número de empresarios, sobre todo al frente de los laboratorios que tanto producen. Dan la cara a la mitad, se ocultan, son listos. Hay otros signos de los dinerales que corren. Se trata de los regalos que se estilan: carros, joyas, caballos, ranchos.

—¿Mansiones?

—Menos.

—¿Regalan obras de arte, cuadros de pintores famosos?

—No saben de eso. El narcotraficante colombiano sí es dado al arte.

—Y las casas chicas, ¿una manera de regalarse una mujer?

—Las casas chicas están por todos lados.

—¿Son mal vistas?

—Es lo de todos los días.

—¿Juega la Iglesia un papel en el mundo del que hablamos?

—La ceremonia del matrimonio religioso se va yendo. ¿Cómo bendecir a un señor con cinco mujeres?

—¿Y el matrimonio civil?

—A pocos importa.

—¿Existe algún espacio para los sacerdotes?

—El bautizo, el barullo, la fiesta. Ahí sí desempeñan un papel. Al sacerdote se le asigna un lugar distinguido, de alguna manera preside el ritual. Le da seriedad. Lo festejan, lo invitan a brindar. Es uno entre todos, pero uno al que nadie debe confundir.

—¿Hay temor de Dios?

—Dios está muy lejos.

—A la misa de los domingos ¿concurren los fieles?

—A la iglesia van pocos, templos semivacíos es lo que se ve.

Me dispongo a una pregunta y se apresura:

—Pero hay algo curioso. Los ranchos tienen su capilla. No hay quien entre a su interior para rezar. Eso no interesa. Importa que la capilla permanezca aseada y hasta con flores. Forma parte del rancho, como la gran sala para las reuniones.

—Decía usted que la belleza es muy importante en el mundo del narco. Las mujeres feas, las rotundamente feas, ¿sufren desaires, menosprecio?

—Se las trata con naturalidad. No hay quien las discrimine. Allá no hay de eso.

—Y usted ¿en ese mundo?

—Yo no acepto a un hombre con una casa chica ni podría verme en una casa chica. Por eso ya le he platicado que parezco hombre y me sé mujer, como soy, con todo, sólo mujer.

—Los celos y la violencia suelen llevarse, señora.

—Le cuento una historia.

"Una mujer celaba a su marido y su marido quiso probarla. Le pagó a un gringo muy apuesto para que la enamorara. Ya vería hasta dónde llegaba, qué tan fiel o infiel era. La mujer se enamoró del gringo y le rogaba que se cuidaran, que su marido era violento. Él la tranquilizaba. Sabía de eso. Era hombre de buena fortuna con las mujeres. 'La experiencia, mi vida, la experiencia.' Cumplió el gringo. La delató y la ofreció por la paga bien ganada. A la mujer le hicieron 20 cirugías.

"Le cuento otra historia, hay muchas.

"Las fiestas duraban días y todo se volvía excitante. El paso de la noche a la mañana, la atmósfera, ardiente o no tan ardiente, pero siempre caliente, la música más y más excitante, los bailes que se prestan a tanto, las miradas oblicuas o directas, las palabras a medias o demasiado completas, los celos que se miran, los celos que se ocultan, las venganzas insinuadas. Una vez me tocó en una fiesta. Yo estoy sentada y dos personas, una que tengo al lado y otra enfrente, empiezan a discutir. Se siente que va a ocurrir algo. Y ocurre. Uno mata al otro. El que estaba a mi lado, expiró pegado a mis zapatos. Los pistoleros entran a la fiesta como una tromba y los que estamos en la fiesta queremos salir. Podemos y no podemos. Hubo no sé cuántos muertos, cuántas venganzas cumplidas y cuántas por cumplir, abrazos y reconciliaciones, reales o aparentes."

\* \* \*

—Conocí a Juan Diego a través de unos amigos mexicanos y un pequeño grupo de parapsicólogos. Nos reuníamos con frecuencia y ellos platicaban de su vida. Mi relación con Juan Diego tenía un acento personal. En alguna ocasión fui presentada a Juan Carlos Correa o Pedro Osorio, un colombiano de quien nunca supe su verdadero nombre, pero al que acabé llamando Juan Carlos. Estuvo en mi casa, lujosísima.

Le impresionaron los jardines, los cuadros, los adornos, las alfombras, los muebles de la mejor madera, los espacios, la luz, suprema belleza. En cierta ocasión me pidió dinero prestado. Había nacido su hijo y en ese momento, me dijo, apenas contaba con lo necesario para resolver los problemas cotidianos.

"Mi relación con Juan Diego continuó en México. A Mauricio, su hermano, apenas lo conocía. De él, me llamaba la atención su desconfianza para Juan Diego. En alguna ocasión Mauricio fue a Colombia y del cuidado de sus asuntos en México, excluyó a su hermano, no obstante que vivían juntos.

"El 13 de septiembre de 2002, Mauricio fue detenido en Colombia y extraditado a Estados Unidos. Fue Joel, precisamente, quien conoció la orden de extradición del gobierno de Estados Unidos en mi contra.

"Muerto Joel, detenido Juan Carlos Correa y extraditado Mauricio, me di a la fuga con Juan Diego. En la complicada red que me atrapaba, sólo con Juan Diego existía una relación viva. Nuestros ires y venires por la República se iniciaron en Pachuca. La pesadumbre que se hizo zozobra y la zozobra que me lastimaba más y más, iban destruyéndome. Ya le conté las condiciones en que se desarrollaba nuestra vida, tapado el sol, eterna la noche.

"En una ocasión, Juan Diego recibe una sorpresiva llamada por el celular. La llamada es de Juan Carlos Correa, que le pregunta cómo está, cómo se siente y le pregunta por mí. Juan Diego le dice que se encuentra como se encuentra, mal, las palabras simples, la expresión dura. Me pasó el teléfono. Nos saludamos Juan Carlos Correa y yo. Le pregunto cómo se encuentra. Nos despedimos sin más. Al día siguiente me entero de que fue detenido en Estados Unidos, fallido su intento por ingresar en Miami.

"En la información que obtiene Joel acerca de la orden de extradición en mi contra, consta que se me señala implicada en un gigantesco contrabando de nueve toneladas de cocaína, transportadas en un barco, el *Macel*."

Sandra Ávila se da una pausa, honda la respiración:

—Para el negocio se requería una persona que embarcara la mercancía en el lugar de origen y otra que la recibiera en el punto de destino. Los socios son indivisibles: el que compra la droga en Colombia y el que la recibe en México. De punta a punta, uno y otro están igualmente comprometidos en el contrabando y así se pacta: iguales en todo.

"El valor del embarque, las nueve toneladas, ascendía a 10 millones de dólares, aproximadamente (dato del expediente). Pero hacía falta algo más que el dinero, el punto más delicado: que existieran en México las redes adecuadas para la distribución de la droga, ya fuera para el mercado interno o para el consumo en Estados Unidos.

"En el proceso al que se me somete por las razones arteras de la política, tengo conocimiento de que Juan Carlos Correa informó a la DEA que Mauricio había sido el primer contacto de los colombianos para traer la droga a la ciudad de México. A Juan Diego se lo señala como ayudante de Mauricio y a mí como el enlace entre las personas que maquinan el negocio.

"La acusación se sustenta en una llamada telefónica de uno de los tripulantes del barco, Mario Óscar Campos Torres, el maquinista, a un número de Mazatlán, de ahí a la casa de mi mamá en Culiacán y de ahí, un enlace al teléfono de mi casa en Guadalajara. La llamada, según asienta la investigación, se llevó a cabo el 25 de diciembre de 2001. Pero ocurre que en su declaración, el maquinista asegura que fue aprehendido el 18 de diciembre y volvió a saber de su celular ocho meses después. Ése fue el indicio que como prueba contundente en el proceso, me mantiene en la cárcel.

"La aberración se da en sí misma y deriva a la violación de la ley en cadena. Preso Mauricio en Miami, sostuvimos una comunicación directa. Fue prolongada y explícita. Me dijo que había hablado con la DEA y con Juan Carlos Correa, el ánimo resuelto a favor de la verdad. Con pelos y señales, todo se lo dijo Mauricio a Juan Carlos. Saldría con la verdad o no saldría. En términos descarnados, los funcionarios americanos le habían planteado la situación que enfrentaba. Mauricio no dudó. Después, tampoco dudaría Juan Carlos Correa. Escuché a Mauricio, quien me dijo: 'Yo tengo que cobrarme con los que me deben y me abandonaron. A mí no me han pagado un peso, pues si así son las cosas, acá los traigo para que se enfrenten con la DEA. Igual haré con todos los que me faltaron'. A sabiendas de que Mauricio se encontraba en una prisión americana y a sabiendas de que las conversaciones son grabadas en las cárceles, le pregunté si yo había tenido algo que ver con el barco y me dijo que no y que así lo había declarado en su comparecencia ante la DEA.

"A Juan Diego le iba cobrando algo que no me gusta, que no me atrevo a llamar rencor, pues cosas buenas debo a su trato y compañía. Sin embargo, tuvo que ver con la situación que vivo, impensable sin su hermano Mauricio, que nos arrastra en su negocio con el buque."

—Me parece, señora, que si Mauricio contó, delató. Y si delató se enfrentará a la ley extrema del narcotráfico.

—Fuera de Estados Unidos, Mauricio correrá peligro todos los días de su vida… hasta que ese peligro cese.

\* \* \*

Ante el Ministerio Público, el 17 de noviembre de 2001, Raúl Antonio García Vercellino, uno de los 19 tripulantes del *Macel*, contó las peripecias de la nave en su travesía de Cali a Ensenada, el embarque de 399 costales de cocaína en alta mar, el ominoso vuelo de un helicóptero y la captura final del navío por un buque de guerra de Estados Unidos.

En lenguaje novelesco, consigna el acta correspondiente:

El 17 de noviembre de 2001, a las nueve horas, Raúl Antonio García Vercellino abordó el buque *Macel*. A eso de las 19 horas, ya en alta mar, el capitán de la nave, Miguel Loera Vázquez le comentó que ese viaje "no iba a ser únicamente de pesca", sino que se trasladarían al hemisferio sur a recoger cocaína, ofreciéndole la cantidad de 15 mil pesos por guardarle el secreto y amenazándolo de muerte si comentaba algo al respecto.

El barco navegó hasta que el capitán recibió una orden por radio, la cual no pudo escuchar García Vercellino, pero intuyó que eran las coordenadas en que recogerían la droga.

García Vercellino pudo notar que el capitán tenía un posicionador satelital GPS (Sistema de Posicionamiento Global). Este aparato permanecía casi todo el tiempo apagado, siendo que el capitán lo prendía sólo un rato por las mañanas, navegando por estima, es decir, mediante el rumbo y la velocidad. Mantener el GPS apagado era una medida de precaución debido a que, de esta manera, la tripulación desconocía la ubicación precisa de la embarcación.

El 3 de diciembre se acercó al *Macel* un guardacostas norteamericano para inspeccionarlo. Aún no se recogía el cargamento peligroso, de manera que la inspección no tuvo contratiempo.

El 6 de diciembre, el capitán Loera recibió una llamada en clave por el radio de banda lateral del buque, indicándole de una nueva posición para recoger el cargamento de cocaína. Se repitió la operación de navegar por aguas internacionales con el GPS apagado.

El 16 de diciembre, a las 20 horas, se les acercó un tiburonero de nacionalidad colombiana, del cual no vio el nombre porque estaba muy oscuro y tenía las luces apagadas, pero que posiblemente fuera del tipo japonés. La posición era: latitud 3, longitud 97 o 98, que ubicaba al *Macel* frente a las costas de Colombia. Ya parados ambos barcos, el *Macel* bajó el pango (una lancha para remolcar la red) que sirvió para transportar la droga del tiburonero.

Cuando el tiburonero se acercaba, García Vercellino fue invitado por el capitán a retirarse a su camarote a descansar, cosa que hizo, pero antes pudo percatarse de que la maniobra antes citada, estaba siendo realizada por la tripulación del *Macel*, que son los únicos que conocen el manejo del pango.

Como a las 12 de la noche, el capitán le solicitó cuidar el rumbo de la embarcación para poder ir a dormir. Y así lo hizo por una hora, hasta que llegó un sujeto de nombre Daniel, quien le refirió que sólo había dos personas en cubierta, sin identificarlos.

La coca se cargó por medio de cuatro redes situadas en la proa del lado de estribor, ya que dichas redes son empleadas para cargar objetos voluminosos. Una vez que la cocaína estuvo en las redes, supone, éstas fueron elevadas a la cubierta principal del *Macel* por medio de un sistema hidráulico.

Al día siguiente, refiere, el capitán le comentó en el puente de mando, que habían cargado cinco toneladas del estupefaciente, pero que él no las vio debido a que no bajaba a la cubierta de pescado ni a la cubierta del máquinas, pero que escuchaba comentarios del resto de la tripulación en el comedor, de que la coca estaba "abajo", y que los tripulantes habían hecho "cadenita" para acomodarla en la cubierta principal, hacia la parte baja.

Al otro día, navegando ya hacia el norte, se percataron que un avión de color blanco, turbohélice, de cuatro motores, sin matrícula o distintivo alguno, con una gran antena en la cola y que provenía del este, los seguía a una distancia de siete kilómetros. Al localizar al barco, el aeroplano tomó rumbo al sur y en ese momento, en el buque se hizo una maniobra de pesca para despistar al aeroplano. Eran las 14 horas.

Hora y media después, regresó el turbohélice proveniente del sur, tomando rumbo al este, mientras el barco continuaba con su travesía rumbo al norte.

Pasaron algunos días mientras el capitán se iba familiarizando con Raúl García Vercellino. Le contaba que no era la primera vez que transportaba droga y que se dirigían a Ensenada, ya que al barco le tocaba su servicio anual de reparación.

Finalmente, fueron abordados el 18 de diciembre por un buque de guerra de procedencia americana. Los tripulantes comentaban entre sí que debían estar firmes y no hablar sobre la carga, pensar en sus familias para no generar represalias.

Oyó García Vercellino decir que la droga pertenecía al Tío, un mafioso inmensamente rico y que con el capitán se comunicaba desde Mazatlán una persona que bebía mucho, de nombre Chametla.

También el capitán contó a García Vercellino que los desembarcos solían hacerse en alta mar, en aguas internacionales, a 200 o 300 millas de la costa, sin especificar lugares, por medio de lanchas que llegaban a su embarcación guiadas por otro capitán y que por el lugar en el que iban a reparar el barco, era donde se hacía la descarga.

Dos días después de haber visto al avión, por la noche, por el radar del *Macel* detectaron a un helicóptero, por lo que la tripulación y su capitán se reunieron en el comedor para comentar que ya los habían descubierto y que lo mejor sería hundir el barco, pero tuvieron miedo de hacerlo.

Al siguiente día, a las 4 de la mañana, volvieron a ser reunidos por el capitán, quien les comunicó que por el radar habían detectado un buque, a 10 millas de distancia. Era un barco de guerra de Estados Unidos, el cual los siguió por tres días. Finalmente los abordó. Arrestaron a los 19 tripulantes del *Macel*.

Dice Sandra Ávila que de los 19 tripulantes del barco, 18 permanecen presos, unos en el reclusorio norte, otros en el sur, algunos en Mazatlán. Del *Macel*, sólo García Vercellino está libre.

Comenta:

—La procuraduría, lo he venido diciendo más y más, lo he venido corroborando más y más, no quiere hacerse de la verdad. Le importan sus designios políticos, el poder.

"¿O de qué manera explicar que, de 19, sólo uno esté libre y este uno haya sido el único sin penas, no así sus compañeros, condenados a 17 años de prisión?

"Así ocurre conmigo, pero a la inversa. Yo fui elegida para mostrarme como gran capo de América Latina, cargo lanzado sin pruebas. El peso del gobierno en mi contra. Yo soy una prueba viva de que al narcotráfico se le combate con éxito, éxito con mil comillas.

"Vivo indignada y en paz, extraño estado de ánimo. Indignada porque recibo un trato vil; tranquila porque no he enviado a Estados Unidos ni a sitio alguno un gramo de droga. Estoy limpia y no hay manos sucias sobre mi conciencia."

—¿Le despierta temor el juicio de extradición?

—Me inquieta, como todo lo desconocido. Pero al juicio no le temo. Diría allá lo mismo que he dicho acá.

\* \* \*

—En Tucson, Arizona, el 24 de julio de 1990, a usted la detienen con una maleta que contiene 1 millón 200 mil dólares. El riesgo en que incurrió con esa fortuna en la mano, pudo ser extremo. ¿Cómo explica esa locura o lo que haya sido?

—Tiempo antes de morir, mi esposo le había encargado esa maleta a un amigo. Nunca me dijo qué cargaba ni yo le preguntaba. El cargamento se lo dejó en Los Ángeles.

"Cuando mi esposo muere, le llamé al señor del que le hablo, el Güero. Radicaba en Los Ángeles y ofrece llevar la maleta a Tucson, donde me alojaba en el departamento de un primo y su esposa, mi comadre. En ese tiempo yo tenía un novio que era jefe de grupo habilitado como comandante de la PGR en Tabasco. Mi novio me va a visitar a Tucson y allá me dice que me va a acompañar de regreso a México, que no quiere que viaje sola. Le digo que no, pero él me dice que sí.

"Cuando vamos saliendo de Tucson, nos detienen a mí, a mi novio, a un primo y a su esposa, en cuyo departamento me alojé, en Tucson, y a otro primo."

—¿Cómo se llamaba su novio, el comandante?

—Fidel.

—¿Fidel qué?

—Fidel.

—Le decía: cuando vamos saliendo de Tucson nos detienen en el *freeway* y somos esposados. Al tanto de la maleta, nos trasladan a las oficinas de la DEA. Sin embargo, nos detienen poco tiempo y nos sueltan, sin cargo alguno. A mí me dejan antes de medianoche en la garita de Nogales. A mi comadre también la sueltan. Sólo se quedan mis primos y mi novio, pero como era de la PGR lo entregan en Nogales. Lo encarcelaron uno o dos meses, rápido sale. En realidad, nada había tenido que ver con el asunto.

—¿Y el dinero?

—Se quedaron con él y me quitaron mi pasaporte. En cuanto me fue posible, cubrí el trámite que correspondía para que me devolvieran el dinero. Sin pruebas en mi contra, no tenían por qué haberse quedado con él. No había cometido ilícito alguno, argüía. Pero no sólo eso, me quitaron también mis joyas. Poco después me informaron que las iban a rematar. Protesté. Me dijeron que había dejado pasar el tiempo, que no las había peleado en su oportunidad.

\* \* \*

El 17 de julio de 2002, fueron asegurados, en el aeropuerto internacional de la ciudad de México, 1 millón 475 mil 900 dólares. El decomiso se hizo a Liliana Bustamante Trujillo, esposa de Álvaro Espinosa Salazar, medio hermano de Juan Diego. Según la PGR, Liliana se encargaba de administrar, en Guadalajara, dos negocios con razón social, Electric Beach. También, según la PGR, esos negocios eran propiedad de Sandra Ávila.

Cuenta Sandra Ávila:

—Era diciembre de 2001 cuando noté raro a Mauricio. Le pregunté a Juan Diego qué le pasaba a su hermano, callado, preocupado. Era el que contaba chistes, era alegre, era el centro de atención. Ese diciembre estaba apartado, encerrado en sí mismo. Supe que Mauricio hizo una vuelta, así le llaman ellos, vuelta, cuando es un negocio. Hizo una vuelta con alguien y le agarraron el barco.

"En enero, Mauricio viaja a Colombia porque el problema se había hecho grande. Yo advertí que mi teléfono estaba intervenido y al asunto no le di importancia. No había por qué. Seguí mi vida normal en Guadalajara. Si yo hubiera tenido algo que ver, salgo de mi casa y me escondo.

"Ese mismo mes, un tercer hermano de los Espinosa, Álvaro, que vivía con su esposa en Guadalajara, nos dice que nos están investigando a todos. La cuñada de Juan Diego, esposa de Álvaro, era Liliana Bustamante. Ella también quiso irse para Colombia ese enero. Intentó llevarse 1 millón 500 mil dólares. Fue detenida en el aeropuerto. Álvaro nos habló para decirnos que Mauricio ya no regresaría a México y que nos cuidáramos porque andaban tras nosotros.

"Yo les recomendé que permanecieran tranquilos, evitaran los riesgos y rehuyeran los tratos equívocos. No pasaría nada. Pero esta Liliana quiere irse para Colombia con el dinero guardado en una maleta. Fue absurdo. Le encuentran, además, una tarjeta de Electric Beach, una franquicia de centros de bronceado que Mauricio compró en Guadalajara. De ahí parte la acusación de la PGR. Inventó que esos dólares provenían de lavado de dinero por medio de Electric Beach y que el negocio era mío.

”A Liliana Bustamante la detuvieron con su hijo, un menor de edad. Luego aprehenden a la hermana menor de Mauricio, Claudia Espinosa, empleada del negocio del que acabo de hablarle. Detienen también a Pablo Espinosa, sobrino de Mauricio, Claudia y Juan Diego, quien también trabajaba en los centros de bronceado.

”Liliana purgó una condena de cinco años. El 17 de octubre de 2007 salió libre, cercana ya mi detención. En cuanto ella se ve fuera de la cárcel, quiere irse a Colombia, pero en Migración la detienen de nuevo para que comparezca en una audiencia, testigo del Ministerio Público.

”Claudia y Liliana estuvieron arraigadas tres meses. Ahí les pidieron que testificaran contra Juan Diego y contra mí. Las dos se negaron, pero Pablo, el sobrino, sí testifica en contra nuestra. Él también estaba arraigado. En las averiguaciones le preguntan a Pablo por qué dice que le consta que yo me dedico al narco. Declara que es claro, porque yo vivo en una casa de lujo, tengo muchas joyas y muchos carros. Pablo sale del arraigo, mientras Liliana y Claudia son sentenciadas. Claudia a dos años de prisión, sin tener nada que ver, y Liliana a cinco. Yo sabía que todos ellos tenían conocidos colombianos que les movían dinero y Claudia, me consta, jamás hizo nada, no la dejaban los hermanos. Era la más chiquita. La cuidaban.”

—¿Y el bronceado, el Electric Beach?

—En una de las audiencias para ventilar mi proceso, le pregunté al agente de la AFI si, en relación a Electric Beach, había certificado mi nombre en el Registro Público de la Propiedad. Respondió que no había hecho verificación alguna.

"A Claudia sus hermanos jamás la habrían dejado mezclarse en asuntos turbios. Esa muchacha nada hizo. Y Pablo, que sí llevó dinero, pagó vilmente para librarse del arraigo que veía venir. No podría haberme visto en negocio alguno, porque ni siquiera se me habría ocurrido hacerlo. Me vendió."

Anexo 1

En conferencia de prensa, ofrecida la tarde del 28 de septiembre de 2007 por el subsecretario de Seguridad Pública, José Patricio Patiño, dio a conocer la detención de la Reina del Pacífico, realizada al salir de un restaurante Vips ubicado en San Jerónimo, al sur de la ciudad de México, a bordo de una camioneta BMW, modelo X5, placas 918ULR del D. F., que fue interceptado por la Policía Judicial.

La ubicación y localización de Ávila derivó del seguimiento a las investigaciones del operativo Macel que se venía realizando meses atrás en los estados de Jalisco, Sinaloa y México, donde operaba. Comprobada la identidad de la mujer, los agentes federales establecieron un esquema de seguimiento técnico para identificar sus redes y vínculos.

Sandra Ávila fue señalada como la encargada de las relaciones públicas para la organización de Joaquín Guzmán

Loera, el Chapo, e Ismael Zambada, el Mayo, así como de la logística para introducir cocaína a México procedente de Colombia, la compraventa de inmuebles y el facilitar contactos con narcotraficantes.

Posteriormente, en esa misma fecha, en calles de San Jerónimo, ciudad de México, fue detenido Juan Diego Espinosa Ramírez, el Tigre, presunto sobrino de Diego Montoya, Don Diego. Se encontraba en compañía de su chofer, Luis Alejandro Garavito Cantor.

El 29 de septiembre de 2007, el Ministerio Público de la Federación adscrito a la Subprocuraduría de Investigaciones Especiales en Delincuencia Organizada informó del ejercicio de la acción penal en contra de la Reina y el Tigre, quienes fueron recluidos en el Centro de Readaptación Social Femenil Santa Martha Acatitla y en el Cefereso número 1, Altiplano, respectivamente, por su probable comisión de los delitos de delincuencia organizada, contra la salud en la modalidad de fomento para posibilitar la ejecución de dicho ilícito y operaciones con recursos de procedencia ilícita.

El 30 de septiembre de 2007, en Guanajuato, la PGR inició investigaciones en la delegación de la SIEDO, donde no se informó sobre la estancia de Sandra Ávila Beltrán, así como de agentes federales que residen en los alrededores donde vivía ella, quien dijo tener su domicilio en Santa Bárbara #108, zona residencial Haciendas de Campeche, en León, Guanajuato.

El 4 de octubre de 2007, la Reina fue trasladada del penal de Santa Martha a su audiencia en el Reclusorio Norte, donde fue presentada ante el Juzgado 18 de Distrito, donde estuvo presente su abogado, Jorge Hernández Altamirano.

Su presencia en el juzgado derivó de la orden de aprehensión que se libró en su contra por el caso del buque *Macel*, asegurado el 20 de diciembre de 2001, en Manzanillo, Colima. Al final de la diligencia, Sandra Ávila se negó a rendir su declaración.

El 5 de octubre de 2007, se conoció que Sandra Ávila interpuso cinco amparos para evitar su extradición a Estados Unidos y enfrentar el proceso que tiene abierto en México.

Jesús Enrique Díaz Sosa, integrante del equipo de su defensa, informó que los juicios de garantías fueron solicitados ante el Juzgado 4 de Distrito en Materia Penal del D. F., con los números de expediente 80/2007, 82/2007, 83/2007 y 84/2007.

El 5 de octubre se conoció que el gobierno de Estados Unidos cuenta con un plazo de 60 días para formalizar la solicitud de extradición, donde la Reina es requerida por la Corte de San Diego, California, para ser juzgada.

El 6 de octubre de 2007 se conoció que el Juzgado 18 de Distrito en Materia de Procesos Penales, con sede en el Reclusorio Preventivo Norte, le dictó auto de formal prisión por los delitos de delincuencia organizada, contra la salud y operaciones con recursos de procedencia ilícita.

El 7 de octubre, Sandra Ávila se desistió de uno de los cinco amparos que promovió ante el Juzgado 4 en Materia de Amparo en Materia Penal del D. F.

El 8 de octubre, uno de sus abogados señaló que se habían presentado cuatro amparos en contra de diversas acciones emprendidas por las autoridades de México, dos de los cuales eran contra las órdenes de aprehensión giradas en su contra. En uno enfrentaba la posible extradición, y en otro, las imputaciones que hizo la PGR en su contra. El tercero, en virtud de que fuera fichada a pesar de que aún no era demostrada su culpabilidad en los delitos que se le imputaban. Y el cuarto fue promovido por el decomiso de sus pertenencias.

Su defensa había tramitado el quinto amparo para evitar que las autoridades la trasladaran a un penal de máxima seguridad; sin embargo, ella se desistió de esa acción.

El 22 de octubre de 2007, un juez federal negó el amparo que se interpuso con el objeto de impedir que la PGR o cualquier otra autoridad federal mexicana pudieran ordenar su traslado hacia Estados Unidos.

En su expediente No. 873 2007, se estableció que el 4 de octubre, Sandra Ávila interpuso solicitud de amparo contra la extradición, la cual fue admitida por el Juez Cuarto de Distrito de Amparo en Materia Penal, Francisco Javier Sarabia; sin embargo, posteriormente se determinó que no existían elementos para otorgar la protección de la justicia federal.

Del estudio de personalidad de esta procesada se desprende que "la encausada de mérito tiene una adaptabilidad social y capacidad criminal MEDIA, capacidad criminal ALTA-

MEDIA, riesgo institucional ELEVADO, riesgo social ABSOLUTO, pronóstico extrainstitucional DESFAVORABLE, riesgo victimológico NO, una dinámica de los hechos DOLOSO DIRECTO EVENTUAL; lo que será valorado en el momento procesal oportuno, en términos de lo dispuesto por el artículo 146 del Código Adjetivo de la Materia".

ANEXO 2. CUENTAS BANCARIAS

| | |
|---|---|
| No. 00509570479 | Bancomer |
| No. 00551446099 | Bancomer |
| No. 01610705032243 | Bancrecer |
| No. 0442670100 | Bancomer (cuenta maestra) |
| No. 07001724301 | Bital (cuenta de cheques) |
| No. 1055906637 | Bank of America (en dólares) |
| No. 1207946466707 | Banco del Atlántico (en dólares) |
| No. 21318345 | Banoro |
| No. 22436600 | Banoro |
| No. 42952200/8014495 | Banamex (tarjeta de crédito) |
| No. 5144609-9 | Bancomer (depósito en cuenta fija) |
| No. 5446720001172893 | Banamex (tarjeta de crédito) |
| No. 6028936607 | Bital |
| No. 7100020107 | Bital (en dólares) |
| No. 7100020172 | Bital (en dólares) |
| No. 83500113785 | Santander Mexicano (en dólares) |

## Anexo 3. Vehículos asegurados

- Camioneta negra Lobo, doble cabina modelo 2001, placas de circulación del D. F. 676LPR.
- Vehículo BMW negro, Z5011, modelo 1995, cuatro puertas, sin placas de circulación.
- Camioneta BMW, gris, X544Y, modelo 2002, con placas JCP-85-04.
- Vehículo Dodge, Stratus, gris, modelo 1999, con placas de Jalisco JAK6274.
- Vehículo Seat, Toledo, blanco, modelo 2001, placas del D. F. 677LYT.
- Vehículo Nissan, Áltima, gris, modelo 2000, placas 889LBH.

## Anexo 4. Inmuebles asegurados

- El ubicado en Granaderos 5101, Jardines de Guadalupe, Zapopan, Jalisco.
- El ubicado en San Luis Gonzaga 5289, Jardines de Guadalupe, Zapopan, Jalisco.
- El ubicado en el número 57 del fraccionamiento Vallarta Gardens, número 97 poniente, kilómetro 1.2 de la carretera a Punta Mita, rumbo a la Cruz de Nacahuaztle, municipio Bahía de Banderas, Nayarit.
- Calle de Óvalo Cuauhtémoc 108, o lote C-10, Manzana 3, Cuartel Ex aeropuerto, Hermosillo, Sonora.

- Calle Arrayanes 10, Hermosillo, Sonora.
- 223 terrenos localizados en el fraccionamiento Alto Valle, Hermosillo, Sonora.

ANEXO 5. REFERENCIAS CRONOLÓGICAS

**4 de abril de 1985.** Captura de Rafael Caro Quintero.

**1986.** Boda de Sandra Ávila con el comandante José Luis Fuentes.

**18 de agosto de 1988.** Asesinato del comandante José Luis Fuentes.

**8 de abril de 1989.** Arresto de Miguel Ángel Félix Gallardo.

**9 de octubre de 1991.** Asesinato de Manuel Salcido Uzeta, el Cochiloco.

**22 de junio de 1995.** Captura de José Luis el Güero Palma.

**4 de julio de 1997.** Muerte de Amado Carrillo, el Señor de los Cielos.

**15 de febrero de 1999.** Ejecución de Rodolfo López Amavizca.

**19 de enero de 2001.** Fuga de Joaquín Guzmán Loera, el Chapo, de Puente Grande.

**11 de agosto de 2001.** Muerte de Carlos Hank González.

**10 de febrero de 2002.** Homicidio de Ramón Arellano.

**2 de agosto de 2002.** Muerte de Florentino Ventura Moussong.

**26 de julio de 2002.** Cateo a las propiedades de Sandra Ávila en Jalisco.

**29 de julio de 2002**. Aseguramiento de predios de Sandra Ávila en Sonora y Jalisco.

**10 de octubre de 2002**. Aseguramiento de 225 predios, dos casas y una empresa en Sonora, propiedad de Sandra Ávila.

**18 de abril de 2002**. Secuestro de Silvestre José Luis Fuentes, hijo de Sandra Ávila.

**14 de marzo de 2003**. Captura de Osiel Cárdenas Guillén.

**27 de diciembre de 2004**. Detención de José Gil Caro.

**17 de marzo de 2005**. Asesinato de Alfonso Ávila Beltrán.

**28 de septiembre de 2007**. Aprehensión de Juan Diego Espinosa.

**28 de septiembre de 2007**. Traslado a Santa Martha Acatitla de Sandra Ávila.

**5 de noviembre de 2007**. Sentencia de cadena perpetua a Francisco Arellano.

**7 de mayo de 2008**. Asesinato de Edgar Millán.

**25 de junio de 2008**. México concede a EU extradición de Benjamín Arellano.

*La reina del Pacífico,* de Julio Scherer García
se terminó de imprimir en noviembre del 2008 en
Litográfica Ingramex, S.A. de C.V.
Centeno 162-1, Col. Granjas Esmeralda,
México, D.F.